哈爾・埃爾羅德（Hal Elrod）著　許可欣　譯

我三星期從半身不遂中站起，
一年抗癌成功，從破產到財富自由的關鍵

奇蹟公式

The Miracle Equation

本書獻給我的家人。
你們是我心之所向，與世界繞行的中心。

烏蘇拉，我一生摯愛的妻子，
有了妳的愛與支持，我做的一切（包括這本書）才有可能成真，
我愛妳。

蘇菲和哈爾斯登，你們是我最愛的奇蹟。
我的人生使命是盡全力當你們最好的父親，
對你們的愛早是筆墨難以形容。

第四章
情緒無敵——如何釋放讓你退縮的所有負面情緒

第七章

第一個決定：堅定的信念——你必須相信，直到……

The miracle Equation

導言

從可能到必然的完整公式

我搞砸了上一本書《上班前的關鍵1小時》。

我的目標是**改變一百萬人的人生**，也很認真看待它，經過十八個月馬不停蹄地宣傳造勢，這本書好不容易掀起一股熱潮，努力了五年多，才終於達成那個目標，最後那本書終於能送達超過一百萬名需要它的人手中。為了做到這一點，我接受上百個播客（podcast）採訪和十幾個電視訪問，演講行程排得滿滿的，還有個可以直接和讀者互動的臉書社團。這一切都是為了聚集那些想改善人生的人，讓他們可以透過簡單卻高效率的每日個人成長練習達成目標。

在外人看來，我似乎已經成功。如果你是那百萬讀者之一、參加了我的臉書社團，或是曾受前兩群人影響，或許會感到納悶：**我的書或其中的訊息已和許多人接觸，看起來也幫助了他們，爲什麼還不能算成功**？我懂你的意思。我也花了一段時間才接受這個想法——我是說，無論從哪個方面看，我都已經達到目標。

現在每天都有上百個國家、成千上萬人在實踐我所提倡的練習；每天都有人告訴我，他們奇蹟似地恢復健康了（包括抗癌成功，或是自意外中存活下來）、減重成功、寫了書、開創了新事業。人們前進、旅行，並找到了愛。整體而言，我的書幫助許多人們發展自己獨特的天賦，並互相分享，讓世界變得更加美好。

這些收穫讓我內心無比感激。

但是，打從那本書出版以來，我心裡就一直有個念頭揮之不去。雖然每天堅定地進行自我成長練習，能讓你培養出滿足人生想望的必要特質，但它其實不會帶來什麼成就；可以說，它只是「半套」公式。你可以每天靜心、閱讀個人成長書籍、寫日記自省，變成博學多聞、自信穩健的人——卻沒有什麼作為。那有什麼用呢？

或許你對以下的場景覺得熟悉：你的書架擺滿一堆沒時間讀完的勵志書，也經常參加「如何改變人生」的講座、會議，卻還是覺得少了點什麼。你沒得到什麼實際成果、戶頭數字仍不符期望，自己周圍的人際關係也無法讓你感到充實。或許你掙扎著想創業、想找到適合自己的工作，或只是想在每天的生活中找到快樂。說不定以上所說的一切已經發生了，你卻還是想在個人或職業成就上繼續爬到虛無縹渺的**下一階段**。

如果你發現自己身陷這種處境（相信我，我也曾這樣），你可能（或不知不覺地）成為眾多「個人成長癮君子」的一員。身為一個「已戒除癮頭」的成員，我知道大家都很愛靈光一閃時的興奮感，那也是我們所追求的。但事實上，什麼都沒改變：沒有長期的變化，我們只是繼續像現在一樣，固執地追求著相同的事物。

以前的我瘋狂閱讀，相信只要自己多吸收一絲絲新的智慧，就能讓自己變得更好，彷彿人生只要有這些安全藏在腦中的知識便足矣。「只要追求個人每日成長便足夠」的想法很常見，但事實並非如此。你可能只是不想再因未達成目標而受到打擊。別怕，你並不孤單，同時，你也會從這本書中獲益良多。

你必須每天進行個人成長練習，遵循一套已獲證實的過程，設定有意義的目標並努力達成，以持續改善生活品質。

我還記得那一天，停下腳步回顧自己的人生，發現**我能做的不只如此**。**我可以不只如此**。**我不再想原地踏步**。我已虛度了青春年華，只付出最少的努力，卻想得到最大的回報，我無法再接受這樣的自己。所以我開始積極追求自己最大的目標，也不再認為只要在心裡清楚地將目標具象化，它們就會自動跑到我面前來。隨著時間過去，我發展出一套能將個人成長知識轉化為行動的過程。這些行動儘管既簡單又平凡，但以此為起點，可以展現出極佳的結果。

如果你經常接觸個人成長或勵志書，一定聽過**「凡事皆有可能」**這樣的話。我也相信這一點，但**「可能」**不足以讓你的內心在早上起床的那一瞬間就充滿動力、實現自己最大的夢想。我超想變成這樣，但現實並非如此。只有半套計畫是不夠的，在這本書中，我想創造的方法是能讓成功從「有可能」走向「很可能」，再到最終的「必然」。

這套方法就是「奇蹟公式」。你們會知道，奇蹟公式看似簡單，但只有一小部分的人能了解如何執行。它只包含兩項決定：

第一是保持**堅定的信念**，第二是付出**過人的努力**。若想創造具體的、明顯可見的奇蹟，關鍵就在於長時間做到這兩項決定。

只要研究世界最有創造力的成功者、創新者、慈善家、運動員，或任何對世界做出巨大貢獻的人，就會知道他們所做的，不過是建立並保持堅定的信念，然後付出過人的努力，直到成功。若你長時間保持堅定的信念，並付出過人的努力，要失敗是不可能的。途中或許會步履蹣跚，或許會經歷挫折，但成功終會從「有可能」變成「很可能」，最後變成「必然」。

達成目標一旦變得必然，你便成了我所說的**「奇蹟智者」**。奇蹟智者破解了創造奇蹟的迷思，秉持奇蹟公式而活；堅定的信念是他們真切的思考方式，過人的努力是他們達到所有目標的方法。因為這兩項決定，奇蹟智者能在世界上創造出非凡的成果，不只是為了自己，也為了世人。也因為奇蹟是他們的生活方式，所以他們能一而再、再而三地獲得出色的成就——他們所做的每一件事幾乎都能稱為「成功」。在讀完本書、並實踐書中的策略後，你便能體現奇蹟智者的特質和特徵，而這也是我們的終極目標。

閱讀此書的最佳方式

我知道有些個人成長書籍可以片段閱讀，你可以隨心所欲地跳來跳去，不必按照順序。我知道有些人會閉上眼，隨便翻開一頁，就開始閱讀那一章。那些書給了讀者控制感，可以決定在拾起書的那一瞬間，什麼才是重要的事。那樣很好，但本書並不是這種類型。

除了這篇〈導言〉，本書前兩章是要為創造具體、可測量的奇蹟奠定基礎。我們將討論奇蹟是或不是什麼，再介紹奇蹟公式與兩項決定如何相輔相成，讓這個過程可以越來越輕鬆。接著，各位將看到我的第一個奇蹟故事、我如何在二十二歲生日前創造出這道公式、如何將公式教給他人，並（帶著敬畏）看著他人成功運用，正如它在我身上也成功了一樣。

本書的其他章節則將一步步帶你了解概念和步驟。你必須先理解這些，才能創造出自己的奇蹟。內容將涵蓋：

- 如何克服人人都有的自我限制，以及天賦潛能的內在衝突

‧如何讓情緒變得強大。如此一來，無論人生發生什麼變化，你都能控制自己的情緒，尤其當努力得不到相應的回報時，這會很有幫助

‧設定目標的真正目的

‧如何選擇第一個（及往後幾個）奇蹟

‧如何一再創造奇蹟

‧如何在「奇蹟公式三十日挑戰」裡應用這些資訊，開始創造第一個具體且可測量的奇蹟

我希望各位在第一次閱讀時能從頭讀到尾，因為各章節是相互關聯的，你必須先了解每一章的內容，才能繼續下去。第一次讀完後，便可隨意選擇任一章節重讀。創造奇蹟的過程中，如果遇到什麼困難，非常希望各位能再回頭重讀其中的章節。

閱讀時請記得……

一、概念是相通的

如果你還沒讀過我的前一本書，別怕，本書可以提供你必要的工具，讓你發揮潛能，創造更充實的人生。你將學會如何一再達到出色、可測量的成果，而且越來越輕鬆。

二、有些概念將不斷在書中重複

奇蹟公式說來簡單，但執行上有點複雜，所以每個概念不會只說一次。相反的，我會故意重複提及幾個關鍵概念，用不同的方式幫助你內化、記住最重要的事。多看幾次，比較容易記住資訊。

三、本書目的在提升人類意識

正如〈導言〉一開始所說的，我的上一本書目的在於改變一百萬人的人生。當一百萬人的人生變得更好後，我發現過去看似不真實或不可能的目標，不只非常真實，而且還不夠宏大。

此書的目的則在於提升人類的意識。現在聽來或許很傲慢（說不定你正在翻白眼），但讀完後，你們就會了解，這並不是什麼太大的野心。如果人人都開始發掘自己的潛能，自我意識便能提升，接著再影響並提升身邊其他人的意識。

當我們開始創造具體、可測量的奇蹟時，那些成果也會影響與奇蹟有關的每個人。閱讀時，請你們將目的放在了解**「你是不受限的，你注定擁有、成為並能創造出自己想要的一切」**。你周遭的世界有什麼缺漏？你相信（或半信半疑）自己能做出什麼貢獻？對你來說，終極奇蹟是什麼？

我保證，任何目標都能達成。現在就開始吧。第一課，破除奇蹟的迷思。

第一章
破除奇蹟的迷思
——從深不可測到有憑有據

奇蹟並非違反自然，只是違反我們所知道的自然。
——聖奧古斯丁

奇蹟。有點**神祕**，對嗎？一些看似微不足道的事情恰好接連發生，拯救了某個人的生命，或是讓某人實現了最瘋狂的夢想，但人們卻不知道這究竟是怎麼發生的。哇，這不是很吸引人嗎？只不過，這種神祕的本質也影響我們對奇蹟的看法。

我曾在《今日秀》節目中看到一則報導：「跳傘奇蹟：男子自三千公尺高空跌落」，一名跳傘教練麥可．霍姆斯自四千公尺高空往下跳，降落傘卻打不開。就在他越來越逼近地面的同時，他試著打開降落傘，屢試不成；試著割開降落傘，也失敗了；最後一招保命的辦法便是拉副傘，但傘依然沒有張開。在最後兩百公尺的自由落體時，他已認命等死，最後卻神奇地活下來了。相對來說，他受的傷並不重。

你聽過收銀員唐尼的故事嗎？新聞媒體曾大肆報導「唐尼的奇蹟」，歐普拉網站（Oprah.com）甚至稱它為「真實人生的奇蹟」。唐尼站在自家古董店的收銀機後，一名匪徒對著他的頭開了一槍。唐尼舉起手遮擋，子彈就這麼打中他手上的純金婚戒，彈道偏了，他奇蹟似地躲過突然找上門的死神。

這些年來，我聽過有人只靠深切的期盼，就讓大病奇蹟似地復原；甚至還有分離很久的戀人，又在數十年後神奇地相遇，這些故事都令人感到既好奇又敬畏。

的確，這種故事足以稱為奇蹟，但對許多人而言（或許也包括你），這種事反而讓奇蹟冠上壞名聲。不相信奇蹟的人認為，這種神奇的事只會發生在其他人身上。他們認為，所有奇蹟都是難以捉摸、神祕、隨機發生、講求運氣且無法觸及的，完全不真實又無法預測。這種事不會發生在真實人生中——至少不會發生在他們身上。

我也曾有相同的想法。

我是說，如果光靠「想」，就能在信箱裡「想出」一張百萬美元的支票，那每個人不都能變成百萬富翁？所謂的「奇蹟康復」也就不再希奇，而那些難相處的客戶或同事（就是經常刺激你血壓的那種人）……呃……當然可以突然消失。

如果你也有這種感覺，或許會認為凡事要眼見為憑。

心存懷疑是好事，所有人都該這麼做：批判性思考，評估、質疑一切，尋找真相。我是這麼看待事物的，你也應該這麼做。

然而，我們仍必須小心謹慎，因為懷疑主義會帶來一種潛在的毀滅性影響：很容易讓人變得憤世嫉俗。它會讓人們陷入一種不健康的不信任狀態，限制我們的可能性。在本書中，你們將了解奇蹟有兩種類型，將它們搞混實在不公平，也沒有好處。

你或許會說，以上所提到的奇蹟是「被動的」或「隨機的」，發生的機率純屬偶然，我們對其令人難以置信的本質感到驚奇，卻找不到一種確切的解釋方法，更別說想要重現——但我相信，跳傘教練和收銀員唐尼都不想再經歷一次發生在自己身上的事。它們只被視為隨機的巧合。如果你想創造那種奇蹟，多半只能「祈禱，然後等待」。

嗯，很抱歉，我不能給你什麼建議，那不是本書要討論的奇蹟。

本書所說的是具體、可測量的奇蹟，需要你主動參與製造過程。這些奇蹟更像是能讓自己最宏大、最可怕、最不可能的目標變成現實。你對這種奇蹟保有一定程度的控制力，這表示可以一而再、再而三地創造它，因為你了解它出現的過程。只是為了創造這種奇蹟，我們必須先相信自己追求的結果是可能的、相信自己可以製造奇蹟。如果你心存質疑，我想請你暫時放下這種感覺──至少在讀這本書的時候。如此一來，你才能發掘自己的可能性。

別誤會，我不是想說服你相信什麼不可理喻的事，只是想讓你打開心胸接受新的可能性，相信自己有能力隨心所欲創造第二種奇蹟。在這一章，我們將定義何為具體、可測量的奇蹟，才能進行接下來的對話。接著深入討論這種類型的奇蹟究竟如何發生，好讓你能創造不凡的結果。再接下來……信不信就由你了。

任何人都能創造的奇蹟

說到奇蹟，我們可以想想以下的問題：是否只有特別的、「被揀選的」人才能經歷奇蹟？奇蹟是否只會隨機發生？奇蹟是否由上帝或其他神祕的高等智慧創造？或是否每個人真的生來具有無限潛能，遠超過我們以為自己所有的？這是否便是某些人能獲得不凡成就的理由——因為他們知道如何挖掘蟄伏的潛能？如果你知道自己距離挖掘出這份潛能只差一、兩項決定，你會怎麼做？

理解這些事，會改變你對目標「規模」的看法，也會改變你的人生；「平凡」的標準因此提高了，因為平凡意味著「成為非凡」。想像一下，如果你和身邊的人都開始發揮自己百分之百的潛力；如果每個人都不再畫地自限，開始創造自己想要的一切，並對世界產生深刻的影響；如果我們每個人都成為奇蹟智者，情況會變成怎樣呢？

什麼是奇蹟智者？

「智者（maven）」這個字來自意第緒語「meyvn」和希伯來文「mebhin」，意思是「明白事理之人」。

雖然奇蹟這個詞有幾種定義，對我們而言最有用的意義是《牛津生活英語詞典》裡的「一件非常好的事件或發展，能帶來非常受歡迎的結果」。

「奇蹟智者」一詞便同時包含了這兩項定義。

只要仔細想想，你一定會想到幾個人，他們幾乎將自己所有的潛能在人生中發揮得淋漓盡致，甚至彷彿擁有讓願景成真的本領。無論你和他們有私交，或只能遠遠地敬仰，這些人絕不讓任何人（包括自己）說服他們放棄偉大的願景。他們似乎總有源源不絕的創造力和毅力，還擁有數不盡的機會。你或許好奇：他們為何總是如此幸運？但如果事實上，幸運只占了成功原因的一小部分，甚至毫無關聯的話，你會有什麼想法呢？

綜觀歷史，許多人物都積極在創造具體、可測量的奇蹟：美國總統甘迺迪的願景是將人送上月球；民權領袖馬丁・路德・金恩的願景則是讓全美人民都能生活在自由平等之下。他們都是自主、積極創造奇蹟的典範；當其他人還在祈禱、「等待」結果發生時，這兩位卻努力「讓」它們發生。他們成功地將看似不可能的想法轉變成具體的事實，並且不斷追隨自己的願景，創造非凡卓越的全新現實。因為開拓自己的潛能，使他們成了奇蹟智者。

成為奇蹟智者只是一種生存之道。只要你懷著堅定的信念、付出過人的努力，你就是奇蹟智者。許多知名的奇蹟智者來自各行各業，他們的成就與辛苦走過的道路，充滿人們想像得到的各種可能，而他們的許多成就也都對世界帶來重大的影響。這些知名的奇蹟智者包括：

- 亨利・福特：發明汽車、改革運輸。
- 瑪麗亞・居里：建立放射作用理論，是首位贏得諾貝爾獎的女性，也是首位二度獲得此殊榮的人士。
- 比爾・蓋茲：讓個人電腦進入全世界數百萬個家庭及企業。
- 愛蜜莉亞・埃爾哈特：第一位獨自飛越大西洋的女性。
- 尼爾・阿姆斯壯：首位踏上月球的人類。
- 勒布朗・詹姆斯：為克利夫蘭市帶來奇蹟，帶領騎士隊贏得六十多年來第一座NBA東區冠軍。
- 麥可・菲爾普斯：十五歲起參加奧運，生涯共贏得二十三面金牌。
- 賈伯斯：讓我們能隨身攜帶上千首音樂，並讓智慧型手機普及化。
- 伊隆・馬斯克：不斷創造技術奇蹟，帶領人類前行。

這些「普通人」打從一開始便不斷想辦法超越可能性的限制、克服綑綁人心的恐懼和不安全感。我們生來即具有無限潛能，這些人只是找到了挖掘它的方法。等你也找到這套方法，一切都會改變。

雖然情況各有不同，但「人人具有無限潛能」卻是相同的。事實上，有很多故事在在說明，即使身處艱難情況，仍能找到讓人生變得傑出不凡的方法——或許你身邊就有這樣的人。

作家JK羅琳在寫《哈利波特》系列第一集時已經破產，生活幾近窮困潦倒，最後卻寫出了此一系列暢銷作品（包括七部賣座電影、主題公園、玩具、服飾、電玩等等），讓她穩坐億萬富翁俱樂部的一席。

傑斯（Jay-Z）出生於貧困的布魯克林，後來成為世界聞名的饒舌歌手和企業大亨，他的帝國包括房地產、運動酒吧、服飾、飲品，甚至是美容產品——這還只是其中一部分。

歐普拉的童年充滿貧窮和受虐的回憶，後來卻成為世界上最成功、最富有的女性。她承諾將自己的成功散布出去，幫助未來的孩子脫離貧窮，同時也已捐出超過一億五千萬美元給慈善事業，幫助貧困女孩。

演員席維斯．史特龍有段時間曾淪為街友，但他持續奮鬥，直到終於演出代表作《洛基》（他同時身兼編劇），而《洛基》系列電影也成為有史以來最成功的電影。

這份真實人生的範例清單可以不斷添加，直到填滿整本書。我希望各位明白的是，外在環境不能決定你的成就，那只是你的過去，不會支配你的未來。你必須先預設好心目中理想的未來、看清它、建立信念，並相信它是可能成真的（接下來，我們會花很多時間討論到底該怎麼做）；同時，必須開始向前進，前面所舉的那些人也都是這麼做的。他們認定自己想要的未來有可能成真，也清楚知道自己該做什麼，才能讓理想「非常可能」實現；接著，不斷付出努力，直到成功變成「必然」。你一定也能這麼做。

記得，你決定要達成的目標不一定非得大到要改變世界。它可大可小，可難可易，隨你喜歡，關鍵是它必須對你有意義，而這項重要性，也將成為你的動力。

＊＊＊＊＊

在我的前一本著作中，曾描述一種「**十分成功**」的概念，這概念是所有人都嚮往的理想生活。如果用一到十的分數來評量人生中任何方面的成功度，你或許希望每一項都能拿到十分：健康十分、幸福十分、財富十分……但既然人類潛力是無限的，目標也就不一定要設在「達到」十分。每天早上醒來，花些時間讓自己變得比昨晚睡前更好，就這麼簡單。當你每天都專注於挖掘自己的潛力，讓生活各方面都能「邁向」十分的境界，機會就能源源不絕，你也將會發現真正成就感的來源。

當我們努力邁向十分的境界時，將面對一些挑戰：找到快樂和感激的平衡點，看到此時此刻的完美，並跟隨內心的想望，繼續成長上進。重要的是，不是從「我不夠好」出發，而是從「我是不受限的，我還能做得更多」。這差異很微小，但很重要，也是奇蹟智者立身處世之所在。

奇蹟智者之所以與眾不同，因為他們總是追求比「十分成功」更高的境界，保持堅定的信念，並期待自己想要的生活實現。重要的是，他們追求信念時，不會站在被動的那一邊、不會盯著許願牆，也不會漫不經心地重複念誦肯定句（然後納悶為什麼一切都沒有改變）。當你身為一名奇蹟智者，你的思考和行為就會變得和大多數人不同。

大多數人習慣性地讓恐懼和自我懷疑占據自己的想法，奇蹟智者則會選擇以信念超越恐懼。他們具備「我有能力做任何事，且都能勝任」的基礎思維，也願意接受失敗，並很快地繼續前進。如此一來，他們便能有效利用更多機會。這表示雖然他們偶爾會失敗，卻擁有更多獲勝的可能。

暢銷作家賽門．西奈克曾表達類似的意見。他說：「冠軍不是那些一直贏得比賽的人，而是能克服困境、不斷嘗試的人，還一次比一次更努力……『冠軍』是一種心態，他們全心投入，跟自己比賽，努力變得更好，而不是和別人比較。」

奇蹟智者的行為也和一般人不同。他們明白，必須努力才能得到收穫——不追求簡單的方法，而是願意付出必要的心力，以贏得自己想要的一切。另一方面，他們也重視效率，所以會不斷學習，以找到技巧、訣竅，甚至是能更快達到目標的捷徑。

這結論並非來自觀察，而是經驗。在後面幾章，各位會讀到我如何使用奇蹟公式的實例：明明因車禍被宣告死亡，後來又站起來走路；明明身處破產邊緣，又逆轉經濟情況，並在令人沮喪的癌症預後中存活下來。我只是做出並堅守兩項決定，而它們就是本書的基礎。

創造奇蹟是你的決定

許多勵志書對我們為何遠離自己想要的生活提供了無數答案：習慣、信念、影響圈、自信度、能量、吸引力法則、時間管理、情商、教育或缺失……多得有點讓人難以承受。但我相信這上百個答案都可以簡化成兩項直接的決定。你的成敗與否，餘生能不能成為奇蹟智者，全繫於此。

無法做出這兩項決定，我們就無法完成自己想做的事。但明知如此，人們卻還是一次次重蹈覆轍。這兩項決定就是「保持堅定的信念」與「付出過人的努力」。我們之所以無法創造出自己真正想要的人生，原因不外乎對自己的能力缺乏信念，或是並未付出必要的努力。就這麼簡單。許多人兩項都沒做到。

我知道這聽來容易——或許有點太簡單了，但我們來深入看看。

決定一：堅定的信念

雖然信念有很多其他名稱：信仰、自信或信心，但簡單來說，那些能活出不凡人生的人都相信自己的能力，並且持續增強與保持這樣的信念，直到創造自己想要的一切。因此，我們說這些人的信念是「堅定不移」的。

這和人性本質相悖。我們的信念經常受過去和近期的結果、情況所影響，如果要相信自己能克服或完成過去辦不到的事，就必須冒險踏出舒適圈，要認為自己比過去更好，並在缺乏證據的情況下，想像某種可能性確實存在。事實上，建立這種信念既不算正常、也不自然，當然也無法自動產生，因為要相信自己有（無限）能力，需要做出有意識且深思熟慮的決定。

維持這種信念也不是自然的。任何有價值的成就，幾乎都得克服許多障礙和挫折後才能獲得。對許多人來說，障礙和挫折會動搖信念、讓人們不再追求自己想要的事物。因此，我們需要第二項決定來創造奇蹟。

奇蹟公式的實踐

羅勃．戴爾是我自二〇〇六年起輔導的第一位客戶，自那之後我們便成了朋友兼同事。他以絕佳的方法使用奇蹟公式，不只贏得財務自由，也對世界帶來重要的影響。

我和老朋友兼生意夥伴喬恩．伯格霍夫（後面還會再提到他）每年都會舉辦「最好的一年」生活體驗，這項活動會帶領人們走過一趟革命性旅程，讓他們能保證未來十二個月的生活，是自己此生中最美好的。在這些活動中，羅勃明白他的人生目標是教導人們如何釋放自己，不再困於自己的苦難——害他們無法接觸到自我真正潛能的苦難。

領悟這件事情後不久，他製作了第一則播客，八週內便超過十萬次下載。羅勃開心極了，但他還有一份心愛的工作，年薪達六位數。他深知魚與熊掌不能兼得，於是憑藉著堅定的信念和使命感，他辭掉工作，全心專注在這項目標。

他付出過人的努力、找到辦法創造人們喜歡並願意分享的內容，在十四個月內，他的社群媒體已有一百萬人追蹤；而光是在二〇一七年，他上傳至臉書專頁的影片和文字，就有超過五億次瀏覽。至於六位數的年薪，羅勃在十四個月內便賺得

同樣的收入；到了第二年，他的收入已是過去的三倍。羅勃親身體驗了應用奇蹟公式的結果，成為一名奇蹟智者。

決定二：過人的努力

雖然你可以找到各種同義詞來代替努力，像是工作、生產力、竭盡全力或行動……但最終能達成有意義的目標、過著「十分生活」的人，都是因為付出了必要（且多半**過人**）的努力，直到創造出自己想要的結果。在後面的章節裡，大家將會了解到，過人的努力不一定是辛勤工作，但它的確需要你付出精力。讓努力能夠**「過人」**的，是長時間的持之以恆，少了這一項，你便無法點燃自己的信念。

不幸的是，這種努力並非與生俱來。我們經常以長期的成功和自我實現為代價，換取短期的愉悅。因為這表示我們只要付出最少的努力，就能感覺安全，就能待在舒適圈中。這種態度阻止我們做正確的事，畢竟做簡單的事……輕鬆多了。

人類的天性限制了大多數人，讓人們賺到的錢只求溫飽，不足以獲得成功。我們光憑口味和口感選擇吃下肚的食物，儘管這些食物會帶來短暫的愉悅，卻往往奪走一生的活力、健康和能量。我們堅守著那些似乎毫無成就感可言的工作，只為了一份穩定的薪水，而不是去追求那些能帶來（眾人所渴望的）財富或財務自由的目標和夢想。

我知道要求大家做出的這兩項決定，和人類的本能背道而馳。如果你不知道如何對抗自己的本性，請稍等一下，接下來會說明該如何克服這一點，好讓這些決定變得自動自發又自然。

堅定信念和過人努力帶來的回饋

我們都曾經歷過這種情況：對新設定的目標感到興奮，心裡對目標的樣貌、完成時的感覺也有清楚的想像；甚至完全知道該做什麼才能成功，更相信真的有可能成功。我們踏出第一步，並一步步前進，然後突然間……唉喲！

我們遇到了意外的障礙，讓成果出現的速度不如預期：或許是沒人回應你丟出去的履歷表；或許老闆在你計畫利用空閒時間運動、寫自己的部落格時，又派你執行新的專案；或許你的新產品已經發售，銷售業績卻不如預期……要在這種時候繼續堅持奇蹟公式很難。眼前遇到的障礙越大，便越感到挫折，這是你最有可能拋棄這段公式、回到「老樣子」生活的時候。

看不到預期（想要）的結果時，信念自然會動搖；一旦失去信念，達成目標所必須的努力也隨之消逝。我相信你曾問過自己：如果不再相信自己能達成目標，繼續嘗試還有什麼意義呢？

堅定的信念和過人的努力各有其重要性，它們相互支持，更像是一個圓圈或一只輪子，而不是兩種截然不同的行動；它們彼此合作，當你建立起「目標必達」的堅定信念時，內心便會產生採取行動時不可或缺的動力，也就是過人的努力。那種努力能讓內心保有正當性，從而萌發更多信念。等到你兩者都具備了，公式便能成立；但如果你偏離了軌道，整個過程將戛然而止；這兩者會彼此回饋，只要帶著堅定的信念經營人生、目標、夢想，甚至是戀情，同時也付出過人的努力，就能讓這個回饋圈不斷循環下去，也就能再三創造奇蹟，活得像一位奇蹟智者。

讓奇蹟找回神祕感

我知道，我知道。

我們剛剛才破除了奇蹟的神祕感，現在再加一點回去。這是因為一旦你用堅定的信念積極克服恐懼和自我懷疑，並擺脫那些妨礙你付出過人努力的不良習慣或懶惰傾向，就能充分運用自己的能力，開始看見身邊的機會和時機，而達成自己設定的目標也將成為第二天性。在外人看來，這常常被解釋為「幸運」。

人們多半懷著敬畏之心（甚至是嫉妒的眼光）觀察奇蹟智者。他們想著：**「天啊！這個世界是爲他們而運轉的！他們好幸運！」**虔誠的信徒可能將此歸功於上帝或更高的力量，懷疑論者則認為它只是隨機的巧合。

隨你怎麼說，隨你怎麼想，但是別質疑它，請擁抱它、看見它的真實和簡單，並記得：當你準備完成一個偉大的夢想，或創造一項傑出的成果（即奇蹟）時，你永遠不會知道這段旅程將是什麼樣子，只知道自己將遇見各種意外的路徑、挑戰、關係和教訓，一切的一切都會帶領你走向新的機會，進而帶來更多經驗，再走向更多新的機會。

你無法預期「幸運」降臨的時間和方式，但能相信的是，越是遵循奇蹟公式，就越是幸運；越是願意付出、越是願意在一段時間內投注過人的努力和堅定的信念以創造奇蹟，人生就會出現越多意外且無價的資源。到那時候，人們就會開始注視你，然後心想：**「天啊！這個世界是爲他們而運轉的！他們好幸運！」**

這些結論都是來自經驗，有我的，也有其他人的。只要讓生活遵循奇蹟公式，奇蹟——超乎你想像的結果——就會開始出現，且幾乎都是意外降臨。這些人們所不了解的隱形力量和資源，是永遠無法被預測或計畫的，但它們都會協助你、共同創造每一項奇蹟。它們經常以「意外的機遇」這種形式現身，有可能是人，也有可能只是某個適當的時間和地點。

我聽到你內心的懷疑逐漸浮出表面。「少來了，我們怎麼會了解的隱形力量和資源？」我聽到了，這聽起來的確有點「不太對勁」，即便如此，你還是得跨出這一步。每位奇蹟智者在人生中的某個時刻，都曾跨出相同的這一步，這使得人們不斷聽到成功人士將功勞的一部分歸於「運氣」。有時你必須相信看不見的東西，而我希望各位能對人生的魔力和奇蹟保持信心。

如同之前所說的，奇蹟公式解釋起來很容易，但懂得如何執行的人卻很少。理解「堅定信念」和「過人努力」這兩項決定並不難，而且只要持續讓兩者結合，就能產生驚人的結果。但要執行絕非易事，因為它們都要求我們有意識地違抗自然傾向——無論是與生俱來，或是後天習得的。因此，只有少部分的人明白，該如何應用這道公式創造出非凡的成果，也因此，能重複創造奇蹟的人少之又少。

我邀請各位成為的奇蹟智者是一個很小的群體，這群人將堅定的信念做為預設的思維，將過人的努力當成日常且自動的行為。你已經知道創造一項具體、可測量的奇蹟所必備的元素，現在你能自己決定要不要進一步了解如何應用。

在下個章節中，我將告訴大家自己的故事：如何偶然發現奇蹟公式、創造了第一項具體、可測量的奇蹟，還開始教導其他人也這麼做。我們一起看看這個想法的源頭。

第二章

從不可能到不太可能，再到必然成真

——我如何發現這道公式

如果你想感受奇蹟般的成功，你必須放下舊有的思維，
為人生可能的體驗找到新的想像方式。
——偉恩．戴爾（暢銷作家）

我知道現在只到第二章，但我已準備向各位坦承：我並沒有發明什麼奇蹟公式。這本書可能早在幾個世紀前就問世了，當然不是我寫的，那時我根本還沒出生；不過當時可能有另一位奇蹟智者寫了這類書籍。必須澄清的一點是，我只是找出這道公式，並給它一個早該如此的名字。事實上，幾個世紀以來，全世界各行各業許多成果豐碩的創造者與成功者，所使用的都是這道公式，只是沒替它命名罷了。

小時候，我最喜歡的籃球選手是芝加哥公牛隊的麥可．喬丹。看喬丹打球時，我從沒聽過教練菲爾．傑克森會在第四節比賽時跟他的隊員說：「史考提（史考提．皮朋，被認為是NBA史上最偉大的小前鋒之一），你要把球傳給麥可；麥可，你先做個往左的假動作，然後長驅直入，使用奇蹟公式，然後贏球！」同樣的，沒有人聽過民權運動領袖小馬丁．路德．金恩鼓吹利用奇蹟公式來推動民權運動；也沒有人讀過伊隆．馬斯克打算如何利用這道公式，實現他在火星上興建可住人城市的偉大夢想。

然而，無論他們是否意識到，奇蹟公式都是他們用來達成非凡成就的方法。遵循公式的生活，能讓你發揮能力，讓人生在各方面都達到最高境界。這是一定的。

＊＊＊＊＊

奇蹟公式的誕生源於我想達成一項破紀錄的業績目標。看似不可能，但我真的很想做到。基本上，我違背了本能，沒有選擇簡單的道路，而是固執地走在較困難的路途上，在過程中，我學到人生中最寶貴的一課。

我解釋一下奇蹟公式發生的場景。

大學畢業後，我進入卡特扣（Cutco）擔任業務代表，挨家挨戶拜訪，販賣高檔廚房刀具。在此之前，我沒有其他業務經驗，習慣過著尷尬且不上不下的人生。我高中的成績不是很好，也從未參加什麼球隊或社團，還在學校遭到霸凌。唯一的紀錄，是成為單一學年中留校察看時數最多的學生。如果你很想知道的話，這紀錄是一七八個小時——不是什麼會讓爸媽驕傲的成就。

在幾位優秀主管和職場導師的支持、教育下，我開始出現前所未有的信心和能力，督促自己更努力工作，並想達到更高的目標。總而言之，我成為一個比自己想像中更有能力的人，而且很快就成為公司最優秀的業務員。

我讓自己成長的方法之一，是在「強銷期」打破銷售紀錄。這是公司舉辦的十四天銷售競賽，各團隊能藉此進行友好的競爭。該競賽以獎杯和獎品鼓勵數千名業務和經理，目的則是為業務人員、各銷售區和公司帶來創紀錄的銷售額。在某一次強銷期中，我腦中出現了這個想法，奇蹟公式也就此誕生。

強銷期的奇蹟

二〇〇一年二月，二十一歲的我連續兩次在強銷期達成兩萬美元的業績，在公司五十二年的歷史中，完成這項壯舉的業務人員屈指可數。等下一次強銷期又要開始時，我已做好準備，要成為第一個連續三次達到兩萬美元業績里程碑的業務。

某天早上十點，我走進位於加州夫利蒙的辦公室，準備提交上個禮拜的訂單。

「嗨，哈爾！」我的主管——業務經理法蘭克．奧都巴迪在大廳和我熱情地擊掌。「這次強銷期你準備好了嗎？」

我睜大雙眼，深吸一口氣，噘起嘴唇，然後誇張地吐氣：「我……我會的，法蘭克，我會嘗試設定目標。雖然還不知道要怎麼做，但我會找到辦法，在接下來十四天裡再拿到兩萬元的訂單。」

「哇！」法蘭克對我露出大大的笑容，「你知道，這樣一來，你就是第一位三冠王了吧？」

我點點頭：「我知道，我超緊張的。」

法蘭克的表情嚴肅起來：「你也知道這次強銷期只有十天吧？因為之前的會議，所以這次不是完整的十四天。」

我盯著法蘭克好一陣子：「快說你只是在開玩笑。」

「抱歉，哈爾，我以為你知道。」他一臉「很抱歉必須告訴你這消息」的表情。

「等等，那表示這次在技術上不算正規的強銷期，不會算在紀錄和排名裡？」那一刻，我極度希望能跳過這次縮減版的強銷期，這樣就可以在下一次完整的十四天競賽中創造新的紀錄。

「不，很不幸的，這次強銷期還是要列入紀錄。」

我的心一沉。過去幾個禮拜裡，我滿腦子都想著怎麼在十四天裡賣出兩萬美元的刀具——那已經夠難了，只有十天卻要達成相同目標的想法，讓人感覺毫無意義且完全沒有可能。

夜半的頓悟

那一晚，我在床上輾轉反側，仔細思考自己的選擇：「過去從未在十天內就賣到兩萬美元。」我想著，「或許把目標降到一萬五千元？一萬元？或是這次先退出戰場？」

恐懼和自我懷疑充斥在腦中。**我要怎麼達成這個目標？**

當自我懷疑的聲音逐漸擴大，思路卻反而突然變得清晰。我想起導師丹恩・卡思塔曾教我的一件事，那是他從現代商業哲學家暨作家吉米・隆身上學來的。我腦中響起丹恩的聲音：「目標之目的並非為了達成，而是變為能達成任何目標的那種人。付出一切自己所能投入的，無論結果為何。在過程中真正重要的，是你成為什麼樣的人，而非真的達成什麼目標。」

嗯……我讓這想法沉澱了一下。顯然，丹恩和我以前曾討論過這件事，但現在它似乎有了更深層的意義。我心想，如果不降低目標呢？即使十天賣出兩萬美元看似不可能，但如果我還是一樣努力、全心投入、不管結果如何呢？那能不能幫助我成為實現未來目標所需要的那種人？如果我立志賣出兩萬美元，不管結果如何都全力以赴，而最大的回報不是目標本身，是在努力實現目標的過程中變成什麼樣的人，那麼我便不會失敗。對嗎？對！我決定對十天兩萬美元的目標放手一搏。

我從床上坐起，打開床頭燈，腦中滿是各種念頭。我得找出辦法達成這個近乎不可能的目標。

我對即將到來的強銷期進行「逆向操作」。想像現在已經是十天後，並自問：如果最後成功賣出兩萬美元，那我在這段時間做了什麼？

我很清楚，因為時間很短，所以對失敗的恐懼會因此被強化。那麼我要如何戰勝恐懼？最簡單的答案是，我必須相信自己能達成目標，而且要一直擁抱這個信念，直到成功。為此，我必須一而再、再而三地告訴自己，我能達成目標，特別是過得不順，或結果不理想時。

最初的信仰演變成堅定的信念。

接著我又想，如果成績不佳，努力往前的動力自然會減弱，因為我會開始懷疑自己是否有可能達成。要對抗這種慣性，只有在最後一刻來臨前，都承諾要全力以赴；無論結果是否如自己所預期，都必須全程保持高度的努力。

而這份承諾變成了過人的努力。

就在那時，我做了兩項決定，兩項在強銷期必須始終堅守的決定。

決定一：我將建立並保持堅定的信念，好讓自己能在強銷期達成兩萬美元的業績目標。無論發生什麼事，都沒有其他選擇。

決定二：我會付出過人的努力，直到最後一刻，無論結果是否如自己預期。

我拿起放在床頭櫃的筆記本，寫下這兩項決定，以堅定自己的決心。接著，我將它們結合成一個句子，一句容易記誦的咒語，每天複習，好提醒自己：**我承諾會抱持堅定的信念，在強銷期達到兩萬美元業績；我會付出過人的努力，直到成功，無論發生什麼事，都沒有其他選擇**。

我還是很害怕。老實說（使用奇蹟公式時，明白這一點很重要），我其實不相信自己能在接下來十天拿到兩萬美元的訂單；當然，要達成它的確有可能，但可能性一定沒那麼高——實現最大目標的可能性通常都不高，所以它們才是奇蹟。然而，我還是全力以赴。

這個算式很簡單：如果我想在十天內賣到兩萬美元，平均每天要售出兩千元，這表示我的業績在前七天就必須達到一萬四千美元。我以前曾有一天賣出兩千元的紀錄嗎？當然有，我也總是會慶祝一番，因為一天賣出兩千元不只要很順利，而且還很罕見，根本就算是幸運，要是連續十天都能如此，那就是一場壯舉了。

強銷期開始時，幸運無聲無息。第一週就像坐雲霄飛車，結束時只達到預計業績的一半——七千美元。只剩三天了，我陷入恐懼。但我不打算調低目標，我答應過自己，要全力以赴到最後一刻，無論付出什麼代價。

倒數第三天早上，我出發前往當天的第一個預約。開車時，我複誦自己的咒語：

「我承諾會抱持堅定的信念，在強銷期達到兩萬美元業績；我會付出過人的努力，直到

成功，無論發生什麼事，都沒有其他選擇。」有趣的是，我越是複誦，就越相信這個咒語。

做完六次簡報後，當天達成了三千美元的業績，那表示目前的訂單已經超過一萬元！那一天給了自己亟需的動力，我又感覺精力充沛了。將車停在一邊，我拿出行銷建議名單，開始打電話；當時是晚上七點，是黃金通話時間。我放下焦慮，不去想如何在接下來兩天內賣出一萬美元，而是專心打電話。

接下來兩天的情況非常相似；我週二賣了三千兩百三十八元，週三賣了四千一百九十四元，總結業績達到一萬七千零二十四元。我內心很激動，但因為我們的團隊隔天早上七點要開車到舊金山開會，而且我也沒時間了。

或者，我其實還有？

我還不想放棄，所以我打給法蘭克，請他允許我和其他人一起搭車，這樣我就能在會議前擠出時間，多跑幾個預約。他被我的投入感動，同意了我的請求。

我馬上拿出行銷建議名單，開始打電話。四分鐘後，我已在隔天早上安排好兩個預約。雖然不太能光靠這樣就賣出剩下的三千元，這在許多人的認知中也不太實際，但絕對是可能的。而且有份意外獎勵：我的好友兼同事亞當．柯恰克也會跟我一起。當天晚上他打電話給我，說他要進城，於是我問他隔天能不能一起赴約。

隔天早上會合後，我們一起開車趕赴第一個預約。我好緊張！會成功嗎？開下高速公路時，不管亞當仍坐在副駕駛座上，我搖下車窗，重複念誦起咒語：「我承諾會抱持堅定的信念，在強銷期達到兩萬美元業績；我會付出過人的努力，直到成功，無論發生什麼事，都沒有其他選擇。我承諾會抱持堅定的信念，在強銷期達到兩萬美元業績；我會付出過人的努力，直到成功，無論發生什麼事，都沒有其他選擇。」我越念就越是相信，一旁的亞當則哈哈大笑，他覺得我大吼咒語的樣子很好笑。

早上七點五十八分，車子開進漢默林太太家的車道，我伸手從後座拿起海軍藍的簡報包，裡面有十幾把銳利的廚刀，再和亞當一起走向前門。

叮咚。

開始了。我的手掌冒汗、心跳加速。我深吸一口氣，看著亞當，最後一次在腦海裡重複咒語：**「我承諾會抱持堅定的信念，在強銷期達到兩萬美元業績；我會付出過人的努力，直到成功，無論發生什麼事，都沒有其他選擇。」**

沒人應門，我又按了一次門鈴。掃視了一下車道和房子前方，卻不確定自己想看到什麼，或許是漢默林太太正躲在草叢裡？我再按了一次門鈴，還是沒人應門。回到車上，我拿起手機撥打漢默林太太家裡的電話；我只有這個號碼。還是沒人接，再撥，還是沒人接。

我不相信，**不會發生這種事！**

我大概等了半小時，又打到她家裡幾次，仍然什麼回應都沒有。這就是大家所謂的「放鴿子」，真是糟透了。我做了個深呼吸，和亞當一起回到車上，前往最後一個預約——也是我達成目標的最後機會。我們早到了一個小時，於是把車子停在街上。

那一個小時並不好過，因為我有太多時間思考，而且恐懼又回到心頭。我開始自我懷疑：怎麼會發生這種事？我已經全力以赴，也保持堅定的信念，還付出了過人的努力，現在一切只能靠下一個預約——也是最後一個。我的胃好像打了結。最後，我敲了卡蘿．瓊斯太太家的大門，在心裡再次複誦奇蹟咒語：我承諾會抱持堅定的信念，在強銷期達到兩萬美元業績；我會付出過人的努力，直到成功，無論發生什麼事，都沒有其他選擇。

三秒後，門打開了。謝天謝地。在我面前的是一位年約四十多歲的金髮女性。

「有什麼事嗎？」她的瑞典口音讓我措手不及，她不是我在電話裡連絡的那一位。

「請問您是卡蘿嗎？」我問。

不是。她絕對不是卡蘿。原來她是卡蘿的小姑，幾天前從瑞典來參加她哥哥的五十歲壽宴。這位瑞典小姑打電話給卡蘿，得知卡蘿在城的另一邊，完全忘了我們的預約，而且也無法及時趕回來。

「我還能幫你什麼嗎？」卡蘿的小姑問。

我想了一下。度假來參加哥哥五十大壽的瑞典小姑不會買廚刀的，對吧？尤其是不會買價值三千美元的刀子。「謝謝您的好意，但我想沒有了。」

亞當清了清喉嚨，挨近我身邊：「哈爾，我大老遠開車來這裡看你簡報，如果這位女士願意讓你做簡報，我想我很樂意看看。」

我看著亞當，渾身發冷，時間彷彿靜止。最後一個機會還沒消失，而這位善良的婦人願意提供幫助，或許在某種程度上，亞當今天的同行也是在提醒我這一點？

於是我對那位女士說：「其實，我想了一下，您可以幫我一個忙。本來我要向卡蘿簡報，讓她看看高品質的廚房刀具，而且這原是我本週最後一次簡報。如果能向您簡報，我將不勝感激，我的簡報次數也就不會短少了，您能接受嗎？」

意外的，這位瑞典小姑同意了：「當然，進來吧！」

我們走過前門時，亞當對我微笑，我則靜靜對他點頭致意。這是我最後一次過人的努力，我做了此生最好、最熱情的簡報。

六十分鐘後，我說完結語，準備詢問小姑是否想購買一組刀具，她卻說出令人難以置信的話：「哈爾，你的解說非常有趣。我和先生上週正準備在瑞典買一組高品質的廚刀，但我們都認為應該等這趟美國行結束後再買。最重要的是，我們全家也想為我哥的五十歲生日找一份完美的禮物，只是還沒找到。他非常喜歡烹飪，所以這真是太剛好了！」

這機率有多少？連我自己都不相信。我對著她微笑，並充滿期待地點點頭。

「就這樣吧，我買兩組終極組合：一組給我先生和我，一組給我哥當生日禮物。」

我差點跳起來擁抱她，那筆生意讓我有了三千美元的業績，也讓我成功達到了兩萬美元的目標！

離開時，我心裡產生了一個信念：我開始明白，如果想要不凡人生，這兩項決定能幫我創造它。堅定的信念，結合過人的努力，這道公式能一直產生非凡的成果——既具體，又可測量，卻又如此重大、如此出乎意料，以至於讓人感覺像是奇蹟。

測試公式並教導他人

下一次強銷期變成一場實驗，我運用了同樣的策略，再次挑戰創造兩萬美元業績的可能性，與創下連續四次成功達標的紀錄。無論結果如何，我都要抱持堅定的信念、付出過人的努力，直到最後一刻；沒錯，**無論結果如何**。我在日記裡稱它為「奇蹟公式」，而我很好奇這道公式是否仍能奏效。

成功了！在接下來的強銷期裡，業績是兩萬三千七百零一美元。儘管當時自己並不是很清楚，但我已經在培養成為一名奇蹟智者的特質和特性，好讓自己能達成預設目標。

不過，說不定這道公式只能用在我身上，也說不定我只是運氣好。我想確定這公式是否屬實，所以我開始教導同事和要求我擔任職場導師的業務後進們。潔莉．阿辛哲是第一位從我這裡學習奇蹟公式的業務，接下來會介紹她的故事。各位也將看到，她的故事和我的非常相似，幾乎一模一樣。

再次證明奇蹟公式為真

二〇〇五年夏天，潔莉來找我，因為她的週業績雖然一直比其他人好，但整體來說都不是最好的。她在強銷期裡最好的業績只比一萬兩千美元再多一點，她問我是否能幫她達到更高一級（一萬五千元）的標準。我說：「不，但我能幫妳達到兩萬美元的目標，潔莉。因為我相信妳可以。」接著把奇蹟公式告訴她。

潔莉回答：「我不確定，我以前沒做過類似的事。但我想，如果奇蹟公式對你適用，對我應該也一樣。」

和我在強銷期剛開始的表現差不多，經過五次業務簡報後，潔莉只賣出了一千美元，和預期完全不同。她決定保持信念，第二天繼續帶著全新的動力出發了，結果順利賣出幾組件數較多的刀具，當天業績超過三千美元。接下來幾天的業績則有高低起伏。強銷期第二週一開始，她只賣了八千五百美元，她很害怕，但她還是繼續努力、繼續約客戶、繼續示範商品。

時間快轉到強銷期的第二個週五，她的業績已經到了一萬五千美元，如果她想更靠近原先設定的目標，就得在週末拿到五千美元的業績。那晚，她打了五十通電話（遠比過去週五晚上所打的電話要多），並在週末約好進行七次簡報。

她打電話給我：「哈爾，我已經拿到一萬五千元了，還差五千元才到目標，我好緊張，但我付出百分之百的努力實踐奇蹟公式，直到最後一刻。奇怪的是，我真的相信自己會成功！或是應該說，我有堅定的信念認為自己能達成目標，因為沒有其他選項！」

那個週六下午，她見了一對非常恩愛的夫妻，售出當時件數最多的一組刀具：終極組合，也就是我創造奇蹟時賣出的那一組。那對夫妻不僅提供潔莉一大串推薦名單，還帶她到隔壁，親自將她介紹給鄰居，而他們也買了終極組合！

才下午三點，潔莉當天的業績就已超過兩千五百美元。她簡單吃了點東西，趕赴下一場簡報。砰！又賣了一千美元。回到車上後，她打電話給一名不太好約的潛在客戶。對方說，唯一可以約的時間只有他下班後，也就是午夜之後。潔莉勉強同意了。她做得很好，簡報結束時已經是凌晨兩點，業績也已超過目標。

但離競賽結束還有些時間，所以她繼續抱持信念、付出努力、繼續銷售。她在那次強銷期拿到超過兩萬三千美元的業績，幾乎是她過去最佳成績的兩倍。以前的白日夢變成了現實，也讓奇蹟公式證明為真：堅定的信念＋過人的努力＝奇蹟。

有了潔莉的經驗，我又把奇蹟公式教給幾十位同事，幾乎每個人都創造了自己的強銷期奇蹟，業績都超過兩萬美元。這種結果前所未聞。

我對這道公式的信心日增。業務們一個接一個打破自我設限的思維模式，獲得他們曾認為不可能的具體成果。要說明的是，我並沒有教他們其他東西，沒有新的銷售技巧，也沒有老客戶的追蹤策略，我只是告訴他們自己應用奇蹟公式的故事（正如我告訴你的），並說明堅定信念和過人努力的原則（正如本書要做的事）。他們也應用了這道公式，就是這樣，並證明奇蹟公式可以得到更好的效果。

一位還在念大學、剛入行不久的業務羅伯特．亞勞科和我連絡，希望我幫他在強銷期達到第一個一萬美元業績。我對他說的話跟潔莉差不多，認為只要利用奇蹟公式，目標可以加倍到兩萬元，因為我看過許多人成功地利用這道公式。

我說出這道公式後，羅伯特想了想，挑戰我的想法。他問道：「哈爾，你認為我能利用奇蹟公式，在兩週內賣到三萬美元嗎？」我個人從未達到那個里程碑，但我告訴他，我認為人所能創造的奇蹟沒有規模大小的限制。結果羅伯特在兩週內達到三萬一千美元的業績，其中，第二週的業績甚至超過兩萬美元。因為全力以赴到最後一刻，他在最後一小時拿到六千美元的訂單。

奇蹟公式一再成功，證明它不是僥倖，也不是運氣；相反的，是一種經過驗證、可靠且可重複的策略，如果能正確理解並執行，任何人都可以立即發揮自己的所有潛力，並創造出前所未有的成果。

在其他人身上測試奇蹟公式

你或許納悶：**我要怎麼應用這道公式？**我明白，因為我也很好奇：奇蹟公式在業務以外的人身上也適用嗎？事實上，這便是我花了近二十年才寫成本書的原因。除了研究無數著名成功人士來證實此一公式的普遍有效性，我也盡可能地把它教給別人，讓他們用來創造各式各樣的奇蹟。我需要證據，以證明奇蹟公式適合於任何人、任何情況。

簡而言之，它適用。

以下列出幾位成功使用奇蹟公式、並和我分享他們故事的人士：

- 安琪拉．梅，一位單親媽媽，在星巴克擔任咖啡師，創業前的年薪是一萬兩千美元。創業後，她在一年內賺到第一個十萬美元；接下來的三年內，她的年收入逐漸成長到七位數。
- 提姆．尼古拉耶夫，十六歲時自俄羅斯赴美，十七歲時學會奇蹟公式（當時他在卡特扣工作），並用來打造人生夢想。剛過三十歲不久，他已達到財務自由，基本上可以退休了（這表示他的被動收入超過支出，要不要工作隨他高興）。提姆說他所學到最寶貴的一課，是在追求一個看似遙不可及的目標時，經常無法預測那條路是什麼樣子；但只要全力以赴到最後一刻，無論途中遭遇了些什麼，你一定會達到目標──甚至比目標更好。
- 雪莉．鮑伊斯有個夢想：為那些在飲食失調、毒品、酒精成癮等生活控制問題裡掙扎，以及受虐待、焦慮、憂鬱影響的年輕婦女建立一座家園，但她不知道自己該怎麼做。奇蹟公式改變了她的想法，讓她相信只要心裡認為有可能，就一定能辦到。「生命選擇事工（Choose Life Ministry）」的希望農莊已於二〇一九年開幕。

- 布蘭登・拉貝拉的夢想是完成二〇一七年的紐約市馬拉松。賽前三天，他膝蓋內側韌帶撕裂，必須拄著拐杖行走。但他沒有退出比賽，而是搜尋過去紐約市馬拉松比賽中，拄杖完賽的最快紀錄，並決定超越它。他結合了堅定的信念和過人的努力，無論如何都要完賽。一路上，他努力前進，結果創造了新的（拄杖參賽）世界紀錄！
- 凱里・斯莫倫斯在十四歲時建立了一家DJ公司。後來雖然進入牙醫學院學習，但由於堅定的信念和過人的努力，他決定離開學校，依隨自己的熱情，並打破傳統模式，在舉辦活動和娛樂的工作中追求未來。四十年後，他的企業集團在全球各地舉辦活動，娛樂上百萬人，每年營收高達數百萬美元。凱里在追尋夢想的過程中運用了奇蹟公式，還寫下一本有關這份熱情的書，該作品也成功地在他家鄉（伊利諾州）的年度盛事「熱情高峰會」上發表。
- 二〇一六年，安吉・莫拉萊斯一個人花了十一個月環遊世界，走遍五大洲、二十六個國家。他花了兩年存錢、研究和準備，好完成夢想。當他告訴別人，自己準備辭掉工作環遊世界時，沒人相信他真的會這麼做。但他懷抱著堅定的信念，買下環球機票，讓夢想成真。

・艾利思・巴克斯從一個成天打電動的厭世少年，變成一位空中藝術表演者和老師，激勵各年齡層的人們努力實現夢想，並保持毅力。他至今仍持續使用奇蹟公式。而他過去十二個月的收入已達到之前的三倍。

・肯恩・溫伯利在二十四個月內減重超過十三公斤、償還了超過三萬五千美元的債務，而身為經紀人的他，年度業績也從兩千萬美元提高到七千萬元。

・文森・瓦倫提娶了他夢想中的女子、買下夢想中的家園、寫了一本童書，還開了兩家公司（已售出一家）。

・潔絲・瓦特斯原本因焦慮症而臥床不起，後來成為成功的地產仲介，也是一座教堂的發言人。

・麥克・伊頓減重四十公斤，實現成為脫口秀喜劇演員的夢想。

・紀錄片《上班前的關鍵1小時》的製片人特蕾莎・勞里科在拍攝過程中被公車撞到，身受重傷（同時間，我在接受癌症化療），我們互相依靠，同時利用奇蹟公式，最後兩個人都完全復原了。

我在收集這些故事時，其實是想扮演「魔鬼的代言人」①，看看是否能找到就算沒有堅定信念，也沒付出過人努力就能實現目標的人，可惜一個都沒找到。

我將在本書中分享更多來自世界各地的故事。從舉世聞名的奇蹟智者，到你可能不認識的人，他們都成功地利用這道公式創造了具體與可測量的奇蹟，這意思是，每個故事都為你提供了「這麼做行得通」的證據。公式的美好之處，在於它適用於任何目標，無論大小，只要你做出並堅持這兩項決定。

你的奇蹟公式之旅

本書是一座橋梁，通往你想要的生活——不再只是停留在「想要」，而是理解如何從「想要」到「創造」，最後達成目標。我將帶你走過這段過程，它除了將產生具體可測量的奇蹟，這段過程最終也將變成常態。當你選擇體現這兩項決定，你就會成為奇蹟智者，思維和生活將大大改變，並讓現在與未來獲得完全不同的結局。

體現奇蹟智者新身分的第一步，是辨認出所有人都有、卻多半未意識到的內在衝突，並加以克服。在下一個章節裡，我們將說明這種衝突、了解它如何影響你的人生，接著克服它，讓你獲得自己想要的成果。

①魔鬼的代言人：devil's advocate，原指天主教會在封聖過程中，對封聖候選人進行審查與認定的神職人員，後來泛指團體中提出不同於主流意見的人，其存在能引導群體回頭檢視既有思維與決定。

第三章

內在衝突

── 從有限到無限

我們生活的世界──我們感知到的生活，
是完美的映射，是一面鏡子，映射出我們內心的真實。
──派翠克．康納（英國演員）

也許你和許多人一樣，忘了一件關於自己、非常基本的事實：你．是．無限的。人類生來偉大，這般證據比比皆是。凡是有人挖掘與生俱來（且人人都有）的無限潛力、為我們都有能力實現的目標設立新的標準時，就是打破了過去的局限。別人已經成功的事，證明了你也有可能做到；人生中想要的一切都唾手可得，只等待你做出決定，努力追尋。

回顧童年生活，或許會讓你憶起一種感覺：你想成為著名的芭蕾舞者或棒球選手。這夢想似乎極有可能成真，而且是能力所及；你根本沒想過自己或許無法如願以償。一切都有可能，你的未來無限寬廣。

有些人早就不再這麼覺得了，但只要透過足夠的提示或回憶起自己「原本的樣子」，便能重新找回這種感覺。話雖如此，這種境界似乎很遙遠，與現在的生活毫不相關——一疊疊的帳單、沒有成就感的工作，還有總是甩不掉的幾公斤肥肉。但「失去這種感覺」不表示它就是假的，不表示它真的與你我不再相關。

我們為什麼忘了這個重要的事實？

這不是我們的錯。我們一直在不知不覺中自我破壞，而且年紀越大越嚴重。這聽起來讓人很沮喪，不過這是真的。我們不斷對抗人生中的嚴苛障礙（無論存在於心中或外在世界），但很多時候我們根本不知道這些東西存在，使得它們往往有點棘手。

首先，這些先天傾向在我們大腦中根深柢固，不斷讓我們脫離通往偉大的航道。本性讓人們選擇簡單的道路、懷疑自我、一遇到困難就放棄。就短時間而言，簡單的道路通常比較舒適，大腦便將這種舒適解釋為「這一定就是我該做的事」。

隨著年齡增長，我們不斷從身邊的人吸收訊息（無論有沒有說出口），學習遵守規則、適應環境、與人合作，甚至允許他人不合理的限制信念影響自己、扼殺「我有無限可能」的想法。身邊的人會拍拍我們的背，說「你做得很好」，但從未告訴我們，應對未發揮自己的所有潛能負責，這或許是因為他們自己也沒做到這一點。我們就這樣「互相扶持」，一起走進平庸的深淵。

然後，我們加入墨守成規的行列，並對「我為何不能成為了不起之人」這齣歌舞大秀完全買帳。我們不但累積了許多會破壞自我的局限性，而且絕大多數的人絲毫未覺。我們只付出剛好可以過關的努力，用自動駕駛模式過日子，不但多半缺乏清楚的目標或意圖，還允許別人對我們強加限制。最後，我們安於處在比真正欲望及能力更低的現狀。某種程度上來說，自己的大腦和充滿善意的親朋好友挾持了我們的奇蹟人生。

如果一個人時不時就得面對這些障礙，要怎麼創造出色的人生呢？

這是個好問題。答案就在理解人人都要面對的內心衝突：**在內心深處，我們知道自己是不受限的，但大腦和周遭世界卻限制了我們，使自身擁有的成就比應有的更少。**這些衝突導致不開心、焦慮，並不斷產生「這世界上還有什麼正等著我們」的感覺。大家都知道這種衝突，卻不知道該拿它怎麼辦。

直到現在。

為了創造自己所能想像最出色的人生——想要、應得、且注定得到的人生——你必須克服這項內在衝突，步上通往偉大的航道。這必然不是最簡單的道路，要面對的選擇也不會是舒適，甚至安全的。當你在局限性（基於過去）和無限性（取決於你的潛力）之間猶豫而無法做出決定時，請選擇「無限性」。就這樣。

這不容易。我從沒說這是件容易的事，卻是有可能的，尤其是對你來說。如果你願意讀完這一章，就能更加了解，是什麼阻礙我們得到應得的奇蹟人生，同時也會明白**「哇！我完全能做到」**。

我們開始吧。

和自己的戰爭

我們先來了解一些觀點。無論你現在的人生如何、是否處在最佳狀態，或是正承受某些令人不悅、痛苦的處境，請想想：**你正身處自己應在的地方、學習必須學習的事，好成爲自己想成爲的那個人——那個能創造所想一切的人**。呼！真拗口。但我完全相信，希望你也是。只要你選擇「在自己應在的地方學習」，目前為止所經歷的每一件事（包括那些最困難的），都將成為一筆資產。

這正是問題所在，也是需要你介入的：如果你並未過著自己想要的生活，這可能是你的錯，也可能不是；但做出必要的改變，好到達下一個階段，完完全全是你的責任，沒人能代勞。是否選擇過著「十分」的生活，決定權在你手上。

第一步便是克服內在衝突。

決定人生是否受限的選擇會出現在各種地方：「應該離職創業嗎？」「在不知道能否找到另一個對象前，應該分手嗎？」「如果想減重五公斤，是不是真的就不能吃自己喜歡的東西？」每個決定都會影響生活的不同面向。儘管如此，它們全都可以歸類為兩種：受限的（受過去、恐懼、失敗或他人所限）與不受限。想想自己現在腦中的決定，你能用這種觀點重新思考嗎？這麼做的時候，看來有什麼不一樣嗎？

我在寫前一本書的時候，一直在與放棄、停止寫作的恐懼與自我懷疑對抗。雖然我非常相信「過著什麼樣的生活，完全操之在己」這個概念，也親眼看過許多人的眾多成果，但內心還是一直出現阻擋的聲音：我憑什麼說服他人應該早點起床？我怎麼可能強迫任何人克服根深柢固的限制性信念，尤其是他們可能一輩子都相信「我不是晨型人」（而其行為還強化了這個信念）？謝天謝地，我沒有讓內在衝突決定了行為，也拒絕讓恐懼支配自己的行動。

雖然我們一定能找到衝突出現在生活中的上百種，甚至上千種形式，但其中有四種內在衝突出現的頻率最高，同時也是我們必須克服的。

首先，大腦將新的機會視為危機、拒絕承認自己可以得到想要的一切，卻安於付出平庸的努力，並接受只在生活中某個（或多個，甚至是所有）領域得到平凡成果的想法。我們看不見自己的天賦和所能成就的事，卻讓世界影響自己的思維，甚至定義我們，因此人們多半相信自己的能力比實際上差。至於與這些限制相對立的，是打從心裡相信自己還有潛能尚待開發，我們內心的焦慮才因此始終存在。

光是上述這一項衝突，就足以對人生的宏偉計畫帶來嚴重的影響，要是它們一起發生，就會讓人幾乎不可能達到自己想要的目標。接下來，我們將深入探討每一項衝突，如此才能了解它的來源，以及未克服衝突時可能產生的結果。在本章結束前，我們將討論如何一一克服這些衝突，好讓你能開始創造等待已久的人生。

內在衝突一：對機會非理性的恐懼與維持現狀

很多人都會落入一個循環：對新的目標非常有興趣，然後突然停止追求。停止點可能在障礙出現時，甚至是在開始行動前。

但，為什麼？

這一切都始於大腦。人類的大腦很奇妙，它是身體的指揮中心，讓肺部呼吸、讓心臟跳動、讓肢體活動，甚至藉由關注生活中讓我們開心或難過的事物，來決定人生的好壞。我們做或不做的事，都起源於大腦。即使大腦讓我們體驗人生，卻也阻擋了人們創造想要的生活。

雖然人人天生都有無限潛能，但也天生就有顆大腦，依據原始的反射而動作。早在穴居時代，人類就懂得掃描環境中的危險：要是沒發現快速移動的獅子，就意味著痛苦的死亡；吃錯植物，可能導致中毒；甚至一個禮拜內就會面對許多次生死交關的情境。我們可以說，人類一直努力度過一天又一天。還好，多數人並不常遇到這些情況（或從未遇過），但大腦不知道這一點，它仍然很固執，總是尋找著潛在的威脅，不斷努力保護我們的安全。

除了恐懼死亡，大腦也對任何會讓我們離開舒適圈的事物保持高度警戒。對死亡的恐懼，轉變為對失敗和不適的拒絕，無論在情緒或生理層面都是。保持安全不再只是為了避開掠食者，我們也開始閃躲機會。

在大多數情況下，人們害怕未知。一旦出現新的機會，讓我們有可能成為自己想成為的那個人，大腦就會響起焦慮的警報，瞬間過濾出一切可能出錯的事：失敗、陷入尷尬或面對失望。這些壓力讓人們很難做出富有智慧的決定，同時也會破壞情緒的安定。有時候這讓人覺得自己像是被情緒控制，而不是由我們控制情緒。

接著，外在環境開始支配人們的內心狀態，使我們變得被動、失去在任何情境中冷靜思考最佳反應的空間。若是讓情緒控制一切，我們就不可能一直專注於目標，因為任何微小的挫折都會讓人覺得難以克服。於是大家又窩回舒適的洞穴裡，即使裡面很黑，但感覺安全。

我們所有的精力和精神都集中在如何停止壓力反應（順道一提，這會使情況變得更糟），接著把絕佳的機會解釋為太困難、太危險、太難以企及。任何能將我們抽離出（自己所理解的）常軌的可能，都必須避免。

但奇蹟智者發現了其他人不明白的事：如何繞過這種壓力反應——或是更準確地說，如何在壓力反應產生危害或讓人遲滯不動前就停止它。他們訓練大腦理解「不舒服的情境」和「威脅生命的情境」之間的區別，有意識地選擇了「事情會順利進行」的信念，且持之以恆地用它來取代「事情可能出錯」的恐懼。即使他們知道自己說不定會失敗，但仍將時間用於探索、追求能讓自己感到快樂與充實的可能。奇蹟智者不會在恐懼和過去的失敗上駐足，也知道重要的是擁有對自我的信念，並積極找出讓最有意義的目標變成現實所必須的步驟。他們控制了大腦，也就控制了人生。

但多數人卻非如此，從學生、職場新鮮人，到《財星》雜誌五百大企業的執行長，全都苦於非理性的恐懼和過度的壓力反應。我們需要思考：自己的夢想和生活為何因非理性恐懼而感到窒息？為了不恐懼、不逃避機會，我們需要深呼吸，然後邁步奔向它們，也需要願意從失敗和錯誤中學習，接著再試一次，還要用信念取代恐懼（之後會詳細說明）。沒錯，這是克服內在衝突並取得成功的唯一方法。

內在衝突二：誤導的賦權，覺悟的賦權

無論你對「十分」成功的定義是什麼，但只要你正在讀這本書，我相信你應該想變得更成功，對吧？問題是：你覺得自己應該得到什麼樣的成功？

不幸的是，多數人並非真正相信或感覺到，比起已獲得或看到身邊人們所擁有的，我們應得的其實更多。無論程度高低，我們所習慣的成功、幸福、滿足，都已成為常規，也成為對未來期望的標準。但這使得我們只是一直延續著過去，卻沒有向前發展的計畫。許多人從未跨出那一步，是因為我們未能真正相信自己可以到達道路的彼端。

為了成為奇蹟智者，你必須相信：自己最大的目標及夢想不但有可能、很可能且必然實現，你也**有這個資格**得到它們——要是缺了這最後一步，就永遠無法達成目標，因為你並未真的相信自己有這個資格，還總是找藉口放棄追尋偉大。不過，只要相信自己能獲得成功，你便會努力爭取。

我知道使用「賦權」這兩個字會讓某些人不舒服。「賦權」經常與那些認為自己應享有特權或資源的人綁在一起（儘管他們並未為此付出任何努力）。「權利感」也經常和自戀和傲慢產生關聯，一個有「權利情結」的人，就像一個從未意識到自己根本不是宇宙中心的孩子。這樣的人覺得自己「生而應得」，不在乎是否真的曾付出任何努力，而這便是多數人所認為的「賦權」。但還有另外兩種形式的賦權，且都需要注意：一種是應該與之親近的，另一種是應該避免的。

「覺悟賦權」是我們都應該盡力達到的，它的特點是相信地球上的每個人都一樣，我們想要的生活都是自己應得的、有價值的，並且有能力創造與擁有它（意思是，願意付出努力去爭取）。幾乎所有偉大的成就都一樣，一開始都是因為某人相信自己能付出努力以實現，並認為自己有資格得到隨之而來的成功。這種賦權是健康的，也是創造具體且可測量奇蹟的前提，它能讓我們更相信自己的潛力，也增加我們對潛能的認識。

我必須說，這對許多人而言都很困難，我也不例外。我們常常無法正視自己的努力，要是有人因為我們做得好而讚美或感謝，反而會讓人臉紅，有時甚至會完全拒絕獎勵。我們會說「那真的沒什麼」，即使事情真的很了不起，但接受讚美就是會讓人渾身不自在。試想：如果你真的覺得自己不該得到某項事物，卻硬是要去追求它，難度會增加多少？如果你不覺得自己有權利得到奇蹟，就幾乎不可能付出必要的努力去創造它。

在許多案例裡，覺悟賦權可用來點燃堅定的信念，你會發現：相信自己有資格得到最終成果，比相信自己能完成一件事來得容易。但這並不適用於所有人或每個奇蹟。以我自己而言，挖掘這種應得的感覺並不總是那麼容易。看到貧困的人時，我會想：**自己憑什麼過得比他們更快樂、更成功？**但是請記得，有時你需要利用過人的努力好獲得一點動力，然後才能體驗覺悟賦權。當你開始不斷付出努力後，只要做得越多，自然越覺得自己有資格得到。順序什麼的不重要，重要的是你必須承認自己值得擁有任何想要的東西，並願意為之付出，才能讓這道奇蹟公式成立。奇蹟智者做出了貢獻，並認為他們的努力值得獎賞。

光譜的另一邊是「誤導的賦權」，這其實是一種偽裝成應得感的懶惰。我們告訴自己：「喔，我應該得到這塊餅乾，因為我的飲食很均衡。」或「我應該買下這件其實不需要的東西，因為我對自己的收支情況很滿意。」或「我應該不用去健身房，因為我很擅長自我訓練。」這些話聽來耳熟嗎？大家偶爾都會這麼做，但這是有害的，這種行為會讓人更加平庸，因為我們對自己「太好了」。但「太好了」並不好，而且絕不可能讓我們更靠近奇蹟般的成果，只會讓你在表現不佳時給自己一點甜頭，允許自己偷懶。過度工作到精疲力竭並不健康，但做得比應做的少，對達到目標而言是有害的。

接受自己只投入平庸的努力，會讓你無法達到「十分成功」，至於所需要的努力程度，則與你想達成的目標有關。接受馬拉松訓練的人或許一週要跑步五天，但想變得健康的人，每週可能只需要幾次持續三十分鐘的慢跑。在沒人注意的情況下，只有你知道自己付出了多少努力；也只有在你和自己的目標面前，「十分成功」的定義才會是獨一無二的。重點在於，要讓自己的行動符合達成目標所需要的努力，如此我們才會擁有應得感，避免掉入懶惰的陷阱。

說實話，偷懶讓人感覺超讚。誰不喜歡躺在家裡看電視？沒有責任、沒有煩惱、沒有罪惡感。但是（這是個很嚴重的但書），為了得到無罪惡感的偷懶，你必須先完成些什麼，才能用「應得的偷懶」來獎賞自己。我有一項規則，就是先陪孩子、做一些對妻子的生活有價值的事、完成與工作有關的任務，然後才能享受「無罪惡感」的懶散。想追劇並沒有什麼不好，只要確認你先完成了當天最重要、必須先處理的事就行。

懶惰的一個主要問題在於，如果沒先做點什麼就偷懶，你會覺得自己沒有資格獲得更大的成功。你非常清楚：如果沒付出持續的努力，就真的不值得獲得自己努力想爭取的一切。這會讓你不相信自己，不相信自己應該得到比現在更好的任何事，這就是誤導賦權非常危險的原因。

我們給自己設下的另一道路障，也是誤導賦權的另一種形式，叫做「保持忙碌」。你是否曾告訴自己幾百次，無法利用新的機會或找不到時間耕耘最偉大的夢想，都是因為……**太忙了**？保持忙碌，基本上是做些沒那麼重要的事，好欺騙自己，以為自己很有生產力。回覆幾十封電子郵件或許會讓我們以為自己產能很高，並產生應得感，但內心深處仍知道，這只是謊言。

卡爾．紐波特在他的突破性著作《深度工作力》中解釋，我們進行深度工作或專注於一項任務的能力，需要長時間花費大量腦力，而這種能力日漸下降的結果，也使得它越來越有價值，能發展出這項技能的人都將獲得回報。在創造奇蹟的過程中，唯有能脫離周圍干擾、不再將時間花在無關緊要的任務，並將精神（和身體）能量長時間專注於單一目標的人，才能創造具體、可測量的奇蹟。浪費時間做些不重要的事，好讓自己看來忙碌的行為，與這種想法背道而馳。

看著待辦清單，我們很自然會被較不重要、風險低的活動吸引，因為它們可能帶來的影響最小：包括檢查電子郵件、在社群媒體發布文章、上網瀏覽，或是任何形式的整理工作（無論是實體或數位的），甚至是個人成長（如果你用它來合理化拖延其他更重要的事物）。忙於不重要的活動，可以分散自己的注意力，讓自己不必進行真正重要的事，也讓我們無法朝著實現重要目標和夢想的方向前進。

做重要的事可能很可怕，但它們帶來的成果或許會對人生產生重大的影響，並迫使我們運用「應得感」的力量。忙於不重要的事，會讓我們無法同意，得到自己想要的成功是理所應當的。

內在衝突三：畸形的潛能，真正的潛能

接下來，我將說說自己的故事：三十七歲時，我被診斷罹患極罕見且具侵略性的癌症。我身高有一百八十多公分，第一次接受治療時，我的體重很快地從七十八公斤掉到五十八公斤，而且前三週就瘦了快十四公斤。這使我的顴骨變得很明顯，肋骨和骨盆也

是，而且頭髮幾乎全部掉光。有趣的是，我照鏡子的時候，看見的還是原來的那個我，只是少了頭髮。鏡中並沒有一個骨瘦如柴的病患，那人仍一如既往。

我理智上知道自己的身體一定不一樣了；我的意思是，瘦了二十公斤很多，尤其對原本就已經很瘦的人來說。事實上，在那幾個禮拜，我的體重大約消失了四分之一。當我告訴妻子，我仍覺得自己長得跟以前一樣的時候，她臉上很明顯露出了「事情才不是這樣」的表情，更別說我慈愛的父母，他們一有機會，就會不斷試著餵我吃東西。我從外界接收到的訊息與內在知覺截然不同，在這個案例中，我的自我知覺已產生偏差。

我心想，**這一定是身體畸形者的感覺，他們會對輕微或自己感知到的身體缺陷有嚴重的不安全感，只是我剛好相反**。這樣的人一旦覺得自己胖，就算體重計清楚顯示他們的體重很標準，仍會運動到精疲力竭；如果他們覺得自己的鼻子太大，就算根本沒人注意到，他們還是會熱中於避免讓他人注意到自己的鼻子。這樣的人無法用正確的方式看待自己的身體，我也是。

不幸的是，我們同樣如此看待自己的潛能，看不見自己真正的能耐。事實上，如果你停下來，花點時間聽聽自己的想法，或許會聽到許多負面聲音。大多數人都會不自覺地持續告訴自己：我不值得、我不幸運、我太忙了、我很懶惰、我不知道從哪裡開始、他／她比我好、我想改善這方面的生活但沒有毅力……這類負面說法不斷在我們腦海中打轉，不斷重複到讓自己相信這是真的，然後採取相應的行動。

我們指著過去的失敗說：「不，我才不要再試一次。」我們將多年來對自我能力的輕視內化，並找尋能支持的證據輔佐，甚至證明自己的局限性。畢竟，我們根據過去的思考方式，對自己相信的現實或可能實現的事下定論，卻因此產生錯誤的信念，認為自己比實際上更沒有能力。地球上沒有任何一個人不會回顧自己過去的失敗，就連最成功的人也是。但重要的是，你不必那樣生活，而是能選擇無限的未來。

我的上一本書裡有個章節，名為〈意外的收穫——改變人生的電子郵件〉，裡頭有個故事：由於我並不清楚自己的優缺點，於是寄出電子郵件給二十幾位了解我的人，請他們誠實回答。這群人包括家人、朋友、同事、良師，甚至還有兩位前女友。收到的回覆讓我大開眼界、充滿動力，但也有一點點痛苦，就像看著立體的自己——三百六十度毫無遺漏，超級完整；包括我如何看待自己，以及不同人眼中的我。那件事改變了我的人生，因為我接受了這些回饋、把它寫下來，行為也依此做出改變。許多嘗試這麼做的人，人生都因此產生變化。如果你認為自己無法準確地看到全部的自己（很有可能），絕對該考慮這項練習。

那些從平庸走向傑出的人，一開始都是將自己視為比過去更好的人，願意以無限的能力為基礎來規畫願景，並依此生活。剛開始很不容易，萬事起頭難嘛。你可能覺得這些願景很不真實，但隨著時間推移，只要反覆審視它們（例如每天一次），它們就會變得越來越實在，因為那就是真實的你。最終，這些嶄新的願景會成為你的新認同，且必然會成為新的現實。

內在衝突四：定義你的是世界？還是你自己？

你知道套上一件已經不合身的舊牛仔褲，是一件多痛苦的事：鈕釦會頂著肚子、褲管會束著你的腿，甚至連正常走路都有困難。不只難看，還很不舒服。

但現實是，我們也常對自己的人生做出類似的事。一旦允許其他人來決定自己應有的樣貌，就會讓人壓抑自己的本能、讓自己無法與眾不同，也不再按自己的意志行動、不再爭取內心真正想要的。我們努力符合其他人的期望，在此過程中，也不再感覺自在並被他人的期待限制（甚至控制），這真的很不舒服。

大多數情況下，我們被教導要合群、別好高騖遠、要適應團體並遵循規則——他人的規則。這些規定的設計雖能幫助我們融入社會，卻也與我們想要成功的內在欲望背道而馳。在我接受過的正規教育中，從未教導人們要跳脫框架來思考、探索個人獨特的天賦，或探索世上最成功者所遵循的規則；只提供一張清楚的地圖，告訴我怎麼前進，要我加入前人的行列。

標準的人生軌道是上學、找份穩定的工作，做到法律規定的退休年紀——希望屆時有足夠的錢過個平庸的退休生活。我們習慣負責、溫順、平凡地去適應環境，但這些行為都是後天學來的，與一個人的本質無關，也跟自己的選擇無關。

最後，我們學會不再信任自己的直覺、開始自我懷疑；我們認為取得非凡成功的人有特異功能，他們是「不同的」。從小開始，他人的信念便一直限制著我們的可能性，儘管強迫自己符合他人期望或許是阻力最小的路徑，但現在我們走到這裡，不就是為了尋找一種方式好滿足「我知道自己能做得更多」的欲望嗎？

和下面所介紹的尼克一樣，我們內心深處都知道自己能做得更多、要的更多，還想過著有意義的人生，為世界帶來改變。許多人其實都能聽到內心的聲音，或許微弱，且經常淹沒於恐懼和不安之中，但的確存在。說不定，你也聽見了？

克服與生俱來的局限

我最近認識了一位此生最能激勵人心的朋友，二十二歲的尼克．桑托納塔索。

尼克患有漢哈特氏綜合症（Hanhart syndrome），這是種極罕見的先天疾病，他出生時便沒有雙腳，右臂也未發育完全，而左臂只有一根指頭。二〇一四年，尼克在YouTube 發表的影片「我的人生故事」中，談到目前已知的漢哈特氏綜合症病例只有十二例，而他是還活在世上的四人之一。

神奇的是，他從未讓這些身體限制阻礙自己的興趣或夢想，尼克玩滑板、滑水，不但是高中角力隊隊員、曾參加健身競賽，還是位健身模特兒，他曾上過CNN和福斯新聞網，因為發布有趣的影片而成為網紅。尼克十二歲時曾參加《今日秀》節目，當他被問及從何獲得「我是無限的」感覺時，他表示，自己知道一切皆有可能，而他只是想嘗試自己認為有趣、可能喜歡的事而已。尼克不怕失敗，因為他知道自己可以挺起身來，再試一次。

儘管困難重重，但尼克從未對自己的身分和目標產生動搖，並創造了非凡的生活。他拒絕讓世界的認知定義自己，也總是清楚知道自己是誰，而且注定要做些偉大的事（無論是什麼），沒有其他選擇。現在的尼克除了是一名健美運動員和健身模特兒，也是一位勵志演說家，分享鼓舞人心的訊息。

那麼，你如何定義自己？

如果你還無法用任何有意義的方式回答這個問題，別擔心，許多人都做不到。我們只能說出一堆別人貼在我們身上的標籤，把它們當成真理。我是**妻子**／**丈夫**、**母親**／**父親**、**老師**／**學生**、**有創造力的**／**具分析力的**、**全職主婦**／**家庭主要經濟來源**……這些標籤沒完沒了，但它們真能代表你的無限可能嗎？

從我們還小的時候，這些標籤便開始以某種方式貼了上來，無論是臨床診斷或家人給我們的暱稱。問題是，小時候被貼上什麼標籤，我們往往就真的會長成那個樣子：有些人是**天使**（例如我姊），其他人則是**麻煩鬼**（就像我）；其他人則可能是**運動高手**或**藝術家**。

那些名字和標籤是別人看待我們的方式，幫助我們塑造認同，而我們也很快地依他人對自己的認識學到「我是誰」。在某種程度上，那些標籤也形塑了我們的交友圈、活動、喜惡，及對未來的野心。我不是說那些愚蠢的童年綽號和醫療診斷在本質上都是壞的；暱稱經常是一種情感的詞彙（自我十五歲起開始擔任電臺ＤＪ後，我媽就給我取了「哈哥」這個外號，人們也總是這樣叫我），醫療診斷則能讓我們得到需要的幫助。只有在我們允許那些名稱和標籤定義且限制我們時，這些詞語才會變成問題，且跟著我們長大成人，還繼續等著別人指明「我是誰」。

我特別注意自己的兒女是否有這種問題，並嘗試保護他們免於可能定義和限制的標籤。舉例來說，我女兒認為她有過動症，但我根本不曉得為什麼，她從未獲得正式的診斷，老師也從未給她這個標籤。我猜有可能是她聽到我談及自己的過動症（我在成年後獲正式診斷）。無論這想法如何進入她的大腦，我都不希望她用它限制了對自己能力的信念。

我們一起談過這個問題。我把過動症形容為一種性格特徵，擁有它的人都很幸運，因為它讓人們得以發揮創造力，偶爾還會遇見很棒的想法（因為我們的思考會不斷從這一個跳到下一個）。我也查了一些句子，例如「有過動症的偉人／成功人士」，讓她看看這些人從未因診斷而受限，他們的成就證明了過動症也是項優點。我向她解釋，這樣的人或許較難保持專注，但不表示「不能」；重點在於，只有她可以定義自己能做的事。有時候她能接受我的解釋，有時候卻不能，她就和大人一樣，時常要與自己的局限性對抗。

然後，我們證明了自己的局限

我們都曾受傷、失望、沮喪，也經歷過天不從人願的情況，而且，是的，這些事都很討厭。更討厭的是，我們允許這種經驗的色彩渲染整個世界，害怕再次受傷的恐懼讓我們不敢冒險、不敢追求機會，並因此活得渺小。

更糟的是，如果我們允許傷害把自己推向自我毀滅的循環，不斷訴說個人的局限，便會因某些特定的經歷強化「我不能做／不能成為／不能擁有」的信念。每次遇到新的機會，都會告訴自己「不要」，因為我們假設自己沒有資格、沒有能力，或認為這件事行不通。接著我們搔搔腦袋，不知道為什麼夢想總是無法如願以償。

你是否曾聽別人說過「我不是負面思考，只是實際」之類的話，好合理化他們的抱怨？這是證明自我局限的典型範例，真的，這根本不合邏輯。你想想：比起專注於局限性並訴諸言語（這絕對會讓人們放棄採取有意義的行動，以自我改善），專注於無限性並大聲宣告（讓我們有力量，也提醒自己有能力改善與完成任何事）不是更「實際」嗎？沒錯，兩者都一樣實際，但持續專注於哪一項，會對你目前的生活品質及未來帶來截然不同的影響。

此外，沒有人真的知道什麼可能、什麼不可能，只是不知道「自己不知道什麼」罷了。每天都有曾以為不可能的事變成可能，最後成為常態。專家曾認為，人類（不論男女）不可能在四分鐘內跑完一英里（約四百公尺的操場四圈）。但是在一九五四年，英國跑者羅傑·班尼斯特將不可能化為可能，只花了三分五十九點四秒就跑完了一英里；四十六年後，約翰·藍迪打破了班尼斯特的紀錄。到了現在，即使是高中生，也有許多人已經突破這個「四分鐘魔咒」。

在電子郵件、簡訊和傳真機出現前的時代，實體郵件的龜速遞送是人們傳遞信件和商業文件最好的方式；我不太記得在導航系統發明前，我們是怎麼開車找到陌生地點的（尤其在晚上）。不過才幾十年前，我們還沒有簡直就像黏在手掌似的行動電話，如今家裡卻有部名叫 Alexa 的語音機器人，會播放音樂、設定提醒、尋找食譜、說故事給孩子聽、開關電燈、幫我在線上購物，還會做很多事。原來只有科幻電影裡才會出現的東西，現在已經變成日常的現實。如果帶來這些進步的人們屈從於懷疑論者的「邏輯」，我們的世界看起來將會和今天非常不同。

談到未來的發展和宇宙的實際運行方式，還有許多我們尚未了解的事情。所以，雖然對無限的未來抱持健康的懷疑是件好事，但擁有健康的樂觀主義會更好。

克服所有衝突的方法

在面前有這麼多障礙的情況下，我們如何才能逃脫內在衝突，並在各方面取得無可限量的成功？許多人花了數年進行各種治療、耗費無數金錢尋找私人教練，還用大量時間拚命尋找幸福——這並不是說治療或私人教練沒用，我非常相信這兩者的效用，但我也相信，如果遵循兩項簡單且可以改變生活的決定，人們的生活將受益匪淺——它們就是你現在已經非常熟悉的：**堅定的信念和過人的努力**。記得我們在第一章討論的回饋圈嗎？在這裡，它非常重要。

當你進入覺悟賦權，決定自己應該得到想要的一切，並願意付出努力、積極相信自己的無限可能（而非自我設限），便能建構必須的能量和動機來改善人生。你做得越多，越能真誠地相信這種想法，對自己的信念也越堅定。你知道自己做得到任何事，因為能或不能是由**你**決定，不是過去，也不是父母，更不是社會，**只有你**。在面對不想受限、卻感覺局限的內在衝突時，只要做出這兩項決定並長時間維持，就能擺脫它。

這個回饋圈會自動讓你踏上創造奇蹟的道路。我知道這看來似乎有點違反直覺：只**要兩個看似簡單的決定，就可以擺脫一生的內在衝突，而這就是你過去一直無法獲得高**

度成功的主要原因？沒錯，只需要這兩項決定。別讓對機會非理性的恐懼，阻礙你親自體驗的可能。

現在，你已經理解人類內在衝突的四種基本表現形式，以及如何克服它們。下一章將告訴大家，如何進入最佳的情緒狀態，讓奇蹟公式發揮作用。提示：你將需要釋放使人退縮的所有負面情緒，但正如接下來將要讀到的，只需要花費五分鐘，我保證。

第四章

情緒無敵

——如何釋放讓你退縮的所有負面情緒

你現在創造的痛苦總是某種形式的不接受，
某種形式的無意識抗拒現狀。
理性上，抗拒是某種形式的判斷；情緒上，抗拒是某種形式的否定。
——艾克哈特．托勒（《當下的力量》作者）

你是否討厭那些忙亂的早晨？明明已經快遲到了，但車子才開上路不久，就發現高速公路上有車禍，車陣根本動彈不得。而且你得趕到某個地方，這種碰碰車般的交通正好是自己最不想遇到的！還有一種人可能也快遲到了，就是捲入事故的人，他們應該更糟吧。**「可憐哪，他們的情況比我還慘。」**你心想。當然，你會花一毫秒希望他們平安無事，但你的注意力很快回到自己身上，以及永無止境的擔心。

或是，當你指望完成一筆大交易時，又會是什麼情景？你已經努力了好幾個月，這筆交易將為公司帶來大筆營收，並提升其在業界的聲望。令人驚訝的是，所有細節都已就緒，只剩下拿到簽完名的合約，但合約並沒有在說好的日子送來。你連絡對方，詢問合約的事，卻收到一封可怕的電子郵件：他們要縮手了。不！你讀了那封信三遍，然後關上辦公室的門，對著告吹的生意生悶氣——那天接下來的時間都是如此。

又或是，你買了兩張音樂會的票，打算和對你很重要的人一起欣賞。這是你喜歡的樂團。幾個月來，你一直期待今晚，不但事先預訂了雙人晚餐，甚至為這個特別的夜晚買了套新衣服，你非常想和對方共享這次體驗，而且沒有什麼可以阻止你。但一週前，對方表示必須出差，接下來這幾天，你對著任何願意聽你說話的人抱怨自己有多失望。

有時候人生真的爛透了。人生有許多不受控的事，沒有人喜歡失控的感覺，不過隧道盡頭終有光，因為有種行之有效的方法，可以在五分鐘或更短的時間內消除所有負面情緒。

我們先退一步，先在「感覺負面情緒」和「創造具體可測量的奇蹟」間建立聯繫。如前面已經討論過的，奇蹟源於可能性（「凡事皆有可能」的想法），只要你願意付出努力，便有資格得到所有成功。但如果你的情緒並不在最佳狀態——無論正經歷的是壓力、恐懼、擔憂、後悔、怨恨或其他令人不悅的情緒——你就不會去思考什麼是可能的。你無法整理出最佳計畫，或是為問題腦力激盪出更具創造性的解決方式。你缺少能量、處在負面情緒中，或者說，你正在舔舐自己的傷口。與此同時，你也錯過了一些可能性，因為大腦裝滿負面情緒，完全沒有其他空間。

你是否曾想過：每種負面情緒的基本原因是什麼？我問的是「每種」負面情緒：生氣、狂怒、挫折、難過、悲傷、恐懼、失望、無聊、厭惡、煩惱、尷尬、罪惡、擔憂……凡是你能想到的都算。如果你再仔細想想，或許會為每次的負面情緒找到不同的理由。我們總是會為自己的感覺怪罪某項人事物：**因爲他說的話生氣、因爲所發生的事懊惱、因爲失去而難過、因爲要做的事太多而感到壓力、因爲事情不如預期而憂慮……**我們錯誤地假設情緒痛苦的原因，是不符合我們期望的情勢、環境和他人，但事實遠非如此。

之所以產生痛苦情緒或心情不好，大多是因為**內心**發生的變化，而非**周遭**事物。讀完這一章後，你便不會再感覺難過了。你將學到的東西不但違背了人性，也違背了我們一直認為會導致負面情緒產生的成因，而這正是打開「情緒無敵」之門的鑰匙。情緒無敵，代表你可以控制自己的情緒，且不會再感覺到情緒上的痛苦；當然，除非自己想要（你很快就會發現，真有些時候自己真的會想要這種感覺）。

為自己的負面情緒負責

我知道接下來要說的話有點嚴苛，但還是得說：**過去、現在、將來，你所感覺到的任何痛苦情緒都是自作孽，而且完全有選擇的餘地**——我說的是每一種讓你產生掙扎的痛苦或不悅情緒。

如果我說，你有能力釋放從過去到現在的所有情緒痛苦，未來也不會再製造它呢？換句話說，你有能力停止創造負面情緒，就從今天開始，直到生命終結。這就是**「情緒無敵」**。

我想和你分享一個故事，關於如何明白無論外在環境有多困難，都能選擇完全免於負面情緒的故事。

二十歲時，我的世界出現許多情感上的逆境。有一次，我在公司的銷售會議上演講。結束後，我開車回家，卻被一名酒駕者以約一一二公里的時速從後面追撞，左側另一輛相同速度的車子也撞了上來。造成最大傷害的，並非酒駕的那輛車，而是第二輛撞到我車門的車。謝天謝地，其他人沒受傷，但不幸的，我沒那麼好運。

第二輛車的撞擊力道將車門擠向我的身體左側，馬上壓斷了我十一根骨頭，包括大腿骨、眼窩，骨盆也有三處骨折。車禍後五十分鐘，消防局終於用破壞剪剪開我那輛福特野馬，將我救了出來，當時我因失血過多而瀕臨死亡，心跳還停止跳動六分鐘。還好，我活了過來，以直升機運送到醫院後，昏迷了六天。

等我終於自昏迷中醒來，醫師說，我這輩子可能都得坐在輪椅上（對甦醒的病患來說，這可不是個好消息）。我簡直不敢相信——任何人任何年紀聽到這種事都很難相信，但對二十歲的我來說，只是單純認為**不可能發生這種事**，**我還有很多事要做，包括走路。**

我深吸一口氣，放下最初的本能反應，再次思考醫師剛剛說的話。那一刻，躺在病床上，我想起自己有責任和機會選擇要做出什麼反應：我可以沮喪無力，像是覺得**這不公平、不應該是我、我討厭這種事發生在自己身上、我的人生毀了**。或是選擇能給我鼓勵和力量的回應，例如**我無法改變這件事、爲眼下的情況難過已經不重要了、我還有**

許多事值得感激、我的人生由自己決定。我可以選擇拒絕現實，繼續抱持負面想法和情緒，也可以無條件接受現實，自此免於情緒之苦。

我選擇後者。

我決定無條件接受新的現實：**我出了車禍、斷了十一根骨頭，受到永久的腦部損傷，醫師也認爲我永遠無法行走**。我花了五分鐘，接受了這件事。

「五分鐘？我不相信！」

你心裡或許這麼想，也可能正在思考我是怎麼做到的，但早在我出車禍的十八個月前、還在擔任業務之時，就已不知不覺讓大腦為「適應」做好準備，「接受」（而非抗拒）已經成為情緒的預設反應。

五分鐘規則

躺在病床上時，我馬上想起傑斯．利文在一開始訓練時教會我的事；他是我在公司的第一位主管，也是一位真正的奇蹟智者。他教我的事稱為「五分鐘規則」，基本上是這樣的：**如果事情不如預期，你可以覺得難過，但不要超過五分鐘**。傑斯告訴我們，面對失敗、沮喪或其他不好的結果時，用手機設定個五分鐘的鬧鐘，給自己一小段時間難過。

在五分鐘內，我們可以發牢騷、哀嚎、哭泣、抱怨、發洩、捶牆——無論做什麼都好，那五分鐘是我們感受情緒的空間，時間限制則能預防我們長期停留在逆境，這不但沒必要，也不健康。許多人會在情緒黑洞裡持續釋放讓他們難受的負面情緒，但真的可以不用掉進去。

傑斯告訴我們，鬧鐘響起時，我們要大聲說：「無法改變了。」承認如果無法改變某件事，那麼抗拒它（在它身上花費情緒能量，希望情況有所不同）不但毫無意義，而且痛苦。它只會讓你難受，卻無法影響導致自己不舒服的事件。

記得第一次學到五分鐘規則時，我心想：**「呃……五分鐘？如果事情出錯了，我需要比五分鐘更多的時間難過！」**但還是開始遵守這個規則。有位客戶打給我，取消了訂單，我一掛斷電話，便馬上設定了五分鐘鬧鈴。我踱步、詛咒，滿心都是負面想法和情緒，抗拒已發生的事，希望情況並非如此。然後鬧鐘響了。你知道嗎？正如我預想的，心裡還是覺得難過！**「五分鐘不夠！」**我在腦中大喊，但還是堅持遵守這項規則，令人驚訝的是，幾個禮拜後，一切都改變了。

我仍會用手機設定鬧鐘，然後開始踱步和咒罵，接著拿起手機，發現自己還剩四分十七秒可以生氣。我有了新的認識：可以選擇要繼續抗拒現實，或是完全接受過去和無法控制的事。我心想：**這四分鐘可以拿來做些積極主動、讓自己更進步的事，爲什麼要用來難過？**這時候，我已經開始建立自己的情緒無敵，還能更快選擇無條件地接受現實。

五分鐘規則之所以如此有效，是因為它清楚地為我們上了有關痛苦情緒的一課：**導致情緒痛苦的不是經驗、環境或事件，而是不願意接受人生現狀，不願繼續前進**。當我們堅持己見，說「這不可能發生！」一時，心中只充斥著痛苦和無益的情緒。這種情況會出現在任何時候，無論它發生在五分鐘、五個月或五十年前。只要你抗拒並希望事情有所不同，就會繼續製造並延續情感上的痛苦；不過一旦接受它，你就自由了。

*****

回到病床上。我用了五分鐘懷疑新的現實，然後提醒自己，此事無法改變，這個想法讓抗拒變得既沒有意義，也沒有價值。我有意識地選擇接受它——完全接受。是的，就在五分鐘內。現在，如果你認為**說比做容易**，事實的確如此，所有新事物都是「說」易行難。但是別忘了，在車禍發生前，我已經練習五分鐘規則一年半了，才能如此快速地應用它。不過就算我花了五小時或五天才有辦法選擇接受現況，也好過一直希望事情沒發生，讓它們消極地影響自己下半輩子。

接下來的幾天，我躺在病床上思考新的現實：坐著輪椅要怎麼上下車？怎麼工作？怎麼約會？總之想了很多。但我一直想到同一個結論：**要感激的事情太多了，我的人生可以自己選擇。**

這不會讓你快樂

有件事要先說清楚。我不喜歡在輪椅上度過餘生，但可以平靜接受可能發生的事。這之間的差異相當巨大。

許多哲學家認為，幸福是我們的最終目標。幸福沒有錯，我喜歡幸福；但幸福是種情緒，而情緒是短暫的。你是否曾在感到快樂的當下，被一段不愉快的對話改變了心情？你可能上一分鐘快樂，下一分鐘就沮喪，所以幸福並不是我們所想的終極目標。

我將這一段命名為「這不會讓你快樂」的原因，在於發生自己不希望發生的事情時，接受它並不表示你會為此感到快樂。就我個人來說，我不會因為出車禍、得知自己永遠不可能再走路而快樂；後來被診斷罹患癌症，且預後不佳時，我也不會覺得快樂；開會快遲到時還碰上嚴重塞車，更不會讓我快樂。真正讓人值得慶幸的是，「接受」所帶來的幫助遠比感覺快樂更強大。

我們可以把情緒分為兩種，**正增強與負增強**。正增強的情緒如快樂、愉悅、興奮、感激、愛等等，能在內心創造出令人愉快的能量，讓我們感覺良好。負增強的情緒如恐懼、憤怒、嫉妒、後悔、憤恨，會創造出令人不悅的能量，讓我們覺得糟糕。在這兩種情緒之間的空間是平靜，也就是我們所追求的。**內心平靜**不是情緒，而是一種狀態。它不帶情緒色彩，不是正向或負向，而是中性的。

內心平靜是一種意識層次，更準確地說，是一種有意識的覺知，也是一種空間，我們可以在任何時刻選擇自己想要體驗的任何情緒。內心平靜讓我們有空間創造自己想要的東西，而這也是創造奇蹟的起點。它是一種堅定的存在，只要願意接受，便能進入這種狀態。它只取決於我們是否願意做出決定，無條件地接受生活中所有無法改變、失控的環境及情況。

換句話說，**「接受」是打開情緒無敵的鑰匙**。接受失控的一切（車禍、斷骨、腦傷、住院、永遠無法行走的可能性，更不用說臉上、手上、身體上、腿上抹不去的疤痕等等）讓我得到內心的平靜，不再受任何自己創造的情緒所苦。透過接受、放下抗拒和不必要的痛苦，我得以騰出一個空間，把所有精力專注於還能控制的事，創造自己所能想像的最佳人生——儘管人生還有其他意想不到、無法想像的情況。

*****

很顯然的，至少依醫師看來，大部分車禍受害者處理壞消息的方式都跟我不同。多數人會不自覺地抗拒新的現實，只看著自己缺少的，緊張兮兮地想像未來的人生，又認為自己應該有不同的風景才對，徒然讓負面情緒耗費心神。這就是所謂的「正常」。正如我們在第三章所看到的，大腦會搜尋危險，並把注意力集中在上頭。如果事情超出預期，就會出現這種消極的情緒狀態。的確，如果要找出什麼情況讓人有權大聲說「我難過」，被酒駕者追撞，還被宣告永遠不可能再走路，一定名列前茅。

雖然我已經適應了新的現實，但醫師還是固執於多數病患處理創傷事件的思維模式。故事是這樣的（在那之後，也不斷有人對我重述），車禍後約三週、我從昏迷中醒來約一週，精神科的利比醫師要我父母到他的辦公室一趟。「又見面了，馬克、茱莉，謝謝你們今天過來。我想告訴你們哈爾的現況，包括生理、心理和情緒上的。」他看著我父母說。接著又解釋，我的生理情況很好，「我知道這對幾個禮拜前的哈爾和你們而言，都無法想像，但我相信他已經度過最困難的時期，也覺得他一定可以長壽、健康。」

我媽開始哭泣，我爸熱淚盈眶，摟著媽媽的肩膀，輕擁著她。

利比醫師又說：「但有個問題需要你們協助。我們在評估哈爾的心理和情緒狀態時，認為他處於否認狀態。」他向我父母解釋，這個推論是因為每次他或任何醫院員工和我互動時，我總是很開心、很樂觀，一有機會就說笑話逗他們笑。「多年來，我一直在處理車禍受害者，」醫師繼續說，「雖然哈爾的行為不太正常，但對於經歷這種創傷經驗、無法適應新現實的人而言，這種情況很常見。哈爾很可能在壓抑痛苦，例如悲傷、恐懼、憤怒或憂鬱。」他的解釋是，或許是因為我不想經歷那些情緒，才有意識地這麼做；但也可能是完全無意識的。「無論如何，那些情緒最終都會浮現，哈爾總得面對現實。我們最好讓他在住院期間做到這一點，才有辦法觀察他、引導他平復，而不是讓他獨自面對。這可能會導致憂鬱，甚至更嚴重的情況。」

我爸媽向來認為我用貨真價實的正向態度面對意外，但現在他們發現，我的正向可能是妄想。於是他們向前挪了挪身體。

「你說『更嚴重的情況』是指什麼？」我父親問。

「嗯，這在車禍受害者身上並不罕見，他們藉由各種惡習來分散注意力，或是暫時逃脫情緒上的痛苦，好應對創傷；濫用藥物或酒精都很常見，意外受害者的自殺率也明顯更高。」利比醫師又解釋，他並不是說我一定會選擇那條道路，但他認為面對真實感受才是對我最好的，如此一來，醫師才能在出院前指導我處理情緒問題。

「那我們要怎樣讓哈爾釋放你認為他正在壓抑的情緒？」我媽問。

醫師希望爸媽多和我談談，找出我**真正的**感受，也希望他們能向我保證，悲傷、恐懼、憤怒甚至憂鬱都是很正常的，並確保我知道在醫院表達那些情緒很安全。

後來，父親走進病房，當時我正坐在病床上，身上穿著過大的袍服，看著牆上二十八吋電視播放的歐普拉秀。爸爸的紅臉上掛著勉強的笑容，眼眶泛淚，我馬上就知道事情不對勁了。

「你覺得怎麼樣，哈爾？」他坐在床邊。

「很好。爸，怎麼了？有什麼事嗎？」我看著父親的臉，想看出發生了什麼事。

父親說，他知道我在有訪客時，會表現得一切都好，但他想知道我獨處時的真正感受，以及我對意外發生在自己身上有何想法。難過嗎？害怕嗎？生氣嗎？還是憂鬱？

我聽完，點了點頭，儘管他的問題讓我大吃一驚。

他說出醫師的擔憂，又說他明白我會對無法再行走一事感到恐懼、因現在的情況感到憂鬱、對酒駕者感到憤怒……這些他都能理解。他說我因這些經歷所產生的任何情緒都是正常的，就算有這些感覺，也一點問題都沒有。

我嚴肅地思考他的問題，沉默了一陣子。我覺得難過……害怕……生氣……還是憂鬱……嗎？我該不會否認且隱藏了這些在醫師看來正常的痛苦情緒？又想到自昏迷中醒來後，自己用了六天時間處理新的現實。這回我沒花多久時間，就釐清了自己真正的感覺。

「爸，我真的認為你很了解我。」

父親揚起眉毛，但什麼也沒說。

「你知道我遵循五分鐘規則，對吧？」

父親點了點頭，「當然，以前聽你說過。」

「嗯，事情發生到現在差不多兩個禮拜了，五分鐘早就過了。」

父親笑了。我繼續說：「對於不能改變的事，我的感覺已經超越了難過；相反的，我選擇心懷感激。當你給我看車子變形的照片後，我很感激自己還活著！我認為每件事的發生都是有原因的，但我也相信自己的責任是決定那些原因『是什麼』。所以現在，該由我來弄清楚自己能從這次經驗裡學到什麼、如何用它來做些積極的事。」

我向爸爸保證自己並沒有否認，還恰恰相反：我並未否認現實，而是完全接受，包括過去、現在和未來，所以它不會控制我的狀態。如果我真的像醫師所說無法再行走，我可以選擇要為此憂鬱，但也可以對自己還能擁有的其他事物心懷感激。無論如何，我都得坐輪椅。

我告訴父親：「我已經接受這個可能，並且決定，如果餘生都必須坐輪椅，我會是輪椅族裡最快樂、最感恩的那個人。」

我也理解，雖然再度自力行走的可能性不高，但不是零。請記得，我並非抗拒醫師所說的話，也不是仍然否認現況，只是認為醫師因重新行走的可能性微乎其微，所以才忽略不計。我不知道自己會不會、能不能再度自力行走，但願意全力以赴讓這個目標從可能，到很可能，到必然發生。

所以我想像自己能走路，並為此祈禱、思考、討論。我保持堅定的信念，認為這件事還有可能，並每天接受物理治療。當物理治療師宣布當天療程結束時，我甚至會要求（有時是堅持）再多做一些，這就是我付出的過人努力。車禍後三週，你可以說奇蹟發生了。醫師看著我大腿和骨盆的X光片，告訴我和爸媽，雖然不知道為什麼，但我的身體已在車禍三週內復原到可以踏出第一步的程度。

我做到了。

我相信這是因為自己選擇完全接受這個無法改變的現況，所以不必承受所有情緒痛苦，也能將精力集中在想要的事情上。無條件的接受讓我獲得情緒無敵，並且有可能創造具體、可測量的奇蹟——再次行走。

釋放情緒痛苦

許多曾接受我輔導或曾在演講後來找我談話的人，理智上都明白這個概念，卻始終在思考這概念是否也能適用於自己：多年來的情緒痛苦已成為日常，要怎麼才能接受眼前這可怕的狀況？他們神經緊繃，說話時眼神閃爍。我看得出來，無論面對著什麼挑戰，他們真的很掙扎，而且深陷其苦。

我認為情緒痛苦只有一種理由，而且可以歸結到兩個字：**抗拒**。簡單來說，**過去、現在或未來所經歷的所有情緒痛苦，都是因爲抗拒現實，由你自己製造出來的**。抗拒出現的時機，多半是希望或欲求與現實不符。也許是希望過去發生／不要發生某事，可能是抵抗正在發生的某事，或是擔心（另一種形式的抗拒）未來可能／不會發生的某事。抗拒現實的程度，則決定了情緒痛苦的強度。

假設你等一下還得趕去別的地方，現在卻卡在咖啡店長長的人龍裡。面對吧檯工作人員無法改變的效率，你的抗拒程度可能相對較低；也許會經歷某種程度的負面情緒，例如煩悶、沒耐性或覺得挫折。但是另一個極端，像是自己突然被炒魷魚，一下子失去穩定的收入，而你和家人沒有其他財務備案，此時的抗拒程度會比遲到更強烈，可能會覺得生氣、憤恨、無望或對未知感到恐懼。

無論創造出何種程度的痛苦，在這兩種假想情境中，我們都會誤以為情緒痛苦來自正在經歷的事件。但事實上，**事件從來就不是原因所在，我們的反應或抗拒才是**。要想證明這一點，我們可以看看兩個不同的人面對同一件悲劇時，各自會有什麼反應：其中一人抗拒現實，認為這是發生在自己身上最糟的事，還會毀了他／她的人生；另一人則接受了事情發生，並將從這場悲劇中學習、成長，變得比過去更好。同樣的悲劇，兩種不同的反應，就會產生兩種截然不同的情緒經驗。

倘若再也不想體驗這種難受的情緒痛苦，唯一的方法是**有意識地做出決定，接受過去或未來發生的一切**。我已在自己身上運用這個概念，你也可以。我和許多人一樣，都害怕死亡，但後來我明白，恐懼任何無法避免的事情沒有意義。生與死乃一體兩面，接受所有你無法改變的事（死亡一定包括在其中），就可以賦予自己能力，平靜地面對人生；而不是因為希望過去、現在或將來有所不同，進一步創造出痛苦。請記得，你不必對已成定局的事感到快樂，但是你可以接受它們，平靜地與之相處，消除不必要的情緒痛苦。

接納，帶來平靜

我的演講工作剛開始時，主要是在大學校園裡。有一次，我在加拿大多倫多演講，兩週後收到一封觀眾的電子郵件，寄件人是二十七歲的戴雯．泰勒。隨信還附上她手腕的照片，上面刺著演講當天她聽到的四個字：**無法改變**。讀她的信讓我涕泗縱橫，也讓我進一步認識到接受的絕對力量。

她在父親的十週年忌日那天刺了青。她向我解釋，父親去世後的這十年裡，她一直深陷憂鬱，除了斷斷續續接受治療，也服用處方藥物。她一直認為是父親離世，才導致自己憂鬱纏身，生活中的一切也都在強化這個信念。來自他人「妳這可憐的孩子，我不敢想像妳的感受」的感傷，讓她相信自己應該有那種感覺，即使父親已去世多年。

她在信件裡提及，演講時聽到我談論接受、五分鐘規則和「無法改變」咒語時，她開始思考，自己的憂鬱有可能並非肇因於父親的死亡。之所以深陷其中十年，或許是自己一直拒絕接受父親已經離開的事實。沒人告訴過她，自己可以有意識地選擇接受這件事，不再抗拒，不再希望這件事從未發生，而且這麼做可以帶來平靜。

她說，聽完演講的那兩個禮拜，是她十年來第一次不再感到憂鬱。一旦覺得那些熟悉且痛苦的情緒又要開始占據她時，她會停下來，深呼吸，說出這四個字：「無法改變。」然後選擇平靜。她決定將這四個字刺在身上，好提醒自己再也不能讓父親的回憶造成她的痛苦。她要有意識地選擇對曾與父親度過的時光心懷感激，好取代情緒上的煎熬。

聚焦於今天的完美

你無法準確判斷一次經驗是「好的」或「壞的」。如果我們先將經驗詮釋為「好」或「壞」，就會抗拒那些自認為是壞的經驗。但一般而言，要在經驗發生的當下或過後不久便判斷好壞很困難。最嚴苛的逆境往往會成為最偉大的老師，讓我們大有成長。就我個人來說，我一直認為車禍是自己這輩子發生過最好的事，因為它讓我更加強壯，也是此生做為作家和演說家的催化劑。就在確診罹癌的那一天，我告訴妻子：「這是我有生以來遇到最好的事了。」

我們經常需要等到時間流逝，結合反思和反省，才能看到挑戰中的價值。舉例來說，你可能結束了一段關係，為此悲痛欲絕，難過了幾個禮拜、幾個月，或是幾年，直到遇見生命中的真愛，才會感激已逝的前緣，讓你迎來更好的戀情。人們常說這是事後諸葛，沒錯。既然如此，為什麼現在要痛苦？為什麼要等到未來的某個時間點，才能從現在的逆境中學習成長？無條件的接受會給你空間和自由，讓你幾乎立即（至少在五分鐘內）且平靜地接受挑戰。

問題不存在。根本就不存在什麼問題，「問題」這個詞是情境的標籤，**存在的唯有情境**，只有我們選擇將它當成「問題」時，問題才會出現。我們可以將任何情境標記為問題、機會、「未定」或任何標籤，每個標籤都代表了我們對它的感知和體驗。想為自己製造壓力、讓人生更加艱難嗎？很簡單，將所有自己不喜歡的情境都貼上「問題」標籤，然後堆在現有的問題上，這絕對會讓你忙到沒時間創造「十分」人生。

另一方面，你也無法準確地將情緒評斷爲「好」或「壞」。情緒是無可避免的，我們是人，人是情緒的生物。如果有人冤枉你，你或許會覺得生氣、難過、失望或挫折；如果失去所愛之人，就會覺得哀傷、絕望或失落。這些情緒都是自然的，我們的目標並非消滅負面情緒，而是改變與它們的關係。

最初的情緒並非問題所在，最初「對情緒產生的反應」才會成就或毀了我們。如果你經歷了會讓人產生任何負面情緒的事，但很快地接受它、平靜地面對它，然後繼續過日子，那麼你就沒事了。有問題的是我們的評斷與後續對情緒的抗拒。雖然一開始對現實的排拒是情緒痛苦的觸媒，但讓人深陷負面情緒又無法自拔的原因，在於誤認為情緒是「錯誤的」，並因此拒絕它。在評斷和拒絕間不斷往返，才是真正讓人難受的。

如果我們將情緒評斷為「壞的」或「錯的」，便會強化它對自己的影響。你是否曾在醒來後莫名覺得悲傷，並聽到內心不斷發問：「我為什麼有這種感覺？一定有什麼地方出了差錯。」很快的，悲傷轉為崩潰：「說不定我有憂鬱症?!」我們越專注於一種情緒（並對它做出個人評斷），感覺就會越差。

負面情緒不該被視為敵人，事實上，所有情緒都有其價值。如果你失去重要的某個人或某項物品，感到傷心不只很自然，也很健康；因為有時候，我們需要因自己的選擇感到痛苦，才不會重蹈覆轍。其中的區別是，你應該控制自己的情緒狀態，而不是讓失控的狀況和事件支配你的情緒。

別許願能在明天獲得完美的生活，而是要注意今天的完美之處。我們追求完美，並測量想像和現實的差距，這是另一種抗拒。你將注意力放在缺少的事物上，拒絕接受「現實和自己想要的那種完美不一樣」，因此創造出情緒痛苦，但你其實可以（毫不費力地）選擇用「現在的人生已夠完美」的觀點看待人生。在自己罹癌、正經歷人生中最辛苦的一年裡，我最愛的座右銘是**「我的人生總是完美」**，我總是剛好有機會學習，讓我能為自己的生活創造想要的一切。醫學診斷是無法改變的，所以我選擇接受、平靜地面對，並有意識地決定：這段人生最艱難的時期，也會是我最快樂、最感恩的日子。我選擇將診斷視為完美人生的一部分，必然隨之而來的生命教訓也是。當你遇到挑戰時，一樣可以這麼做。

*****

人們聽到我提及車禍，以及在病床上如何完全接受自己的情況時，往往感到懷疑或驚訝：至少要對酒駕肇事者生氣吧？「你怎麼可能不恨他對你做出的這一切？」有些人問，有時甚至會因此生我的氣。說真的，我完全不恨那位駕駛；事實上，我對他完全沒有負面感覺。車禍發生至今，假如我對他有任何情緒的話，那會是**同理心**。

你看嘛，我對他的人生和生活一無所知，如果我是他，說不定那個晚上也會做出酒駕的選擇。我們很容易拿自己的經歷和身分評價他人，但想想你過去或現在論斷過或不滿過的人：**如果你過著他/她的人生、有一樣的大腦、被同樣的父母撫養、被同一群朋友影響，你的思考和行爲也很可能跟他們一模一樣**。從這個角度來看，我們可以選擇用同理心取代批評，無條件地愛所有人。我們可以接受他們原本的樣貌，同時也留下空間，讓他們成為更好的自己。

另一個常見的問題是：**你怎麼知道自己能／不能改變什麼？**簡單來說，**你不能改變過去發生的任何事**，只能對現在的行為做出改變，並使未來有所不同。過去和現在的情況是固定的，在這一刻，只有未來是可塑的。

地下室積水了就是積水了，被追撞的保險桿壞了就是壞了，話一旦說出口就不能收回（無論是你的還是別人的）。覆水難收，你不能回到過去改變它——除非你是《回到未來》的男主角，還擁有那輛能穿越時空的車。

當你無條件接受過去時，也就放下了怨恨、後悔、憤怒、內疚和其他因抗拒所產生的負面情緒。如果你接受所有可能發生在自己身上的未知事件（也就是**接受事件發生前的生活**），你便釋放了所有恐懼、焦慮、擔憂和其他完全沒有必要的情緒痛苦。

為了給自己內心平靜的能力，為了成為情緒無敵，你不能再抗拒已發生或將發生的一切，不管當時有多痛苦，也不管未知有多可怕。只有無條件接受現實、接受現狀，才能做到這一點。接下來要說明的這三項技巧，將幫助你接受所有無法控制的事情，並給自己情緒無敵的能力。

一、五分鐘規則

第一步就是應用這項規則。設定計時器，給自己五分鐘，充分感受情緒。踢腿、尖叫、哭泣、抱怨……只要能表達情緒，做什麼都好。但計時器一響，就要說出以下這四個非常有力的字，來接受眼前的情況。

二、「無法改變」

提醒自己無法改變已發生的事——不管是五分鐘前、五個月前還是五十年前。因此，再怎麼希望過去可以改變，都是沒有用的。你不能撤銷過去，也無法改變現在或未來不能改變的部分。明知道木已成舟，卻還是繼續抵抗，只會產生更多不必要的情緒痛苦。你絕對有能力停止那種煎熬，也可以從一開始就選擇不去經歷它。

剛開始練習的時候，你或許需要重複前兩個步驟數次，才能打破舊有的情緒模式。

三、接受事件發生前的人生

這是進化版的接納，當你進行前兩項練習一段時間後，第三項技巧執行起來將會變得容易許多。現在，你知道所有的情緒痛苦都是自己創造，也是完全可以選擇的，未來只要有意識地決定不再抗拒任何無法改變的事，便能預防情緒痛苦。真的，你不必忍受這種痛楚，只要想一想就能了解，這都是沒必要的。別等到事後才去尋找內心安寧，接受事件發生前的人生，時時以各種方式保持平靜。

在下個章節裡，我們將探索有關目標設定的全新思維，以及該如何利用這項新模式，永遠消除對失敗的恐懼。但在此之前，我想請你坐下來，思考一下「情緒無敵」這個想法。是什麼導致了你的痛苦？接納曾發生或即將發生的一切，會如何改變你的人生？在沒有壓力、憤怒、悲傷及任何長期負面情緒後，你覺得自己將擁有多少能量？

讓我們一起付諸實踐，並在生活中驗證這個想法吧。想想看，你的「輪椅」是什麼？你是否因抗拒過去某個無法改變的狀況，而產生不必要的情緒痛苦？

請深呼吸，有意識地選擇無條件接受這些狀況，平靜地面對它，讓自己擁有「情緒無敵」這份禮物。

第五章
必然成功的新思維模式
── 你的目標不是目標

設定目標的主要理由，是讓你做些什麼來完成它，
其中的價值總遠超過你最後得到的。
──吉米·隆（企業家、勵志演說家）

我們都有夢想，都對生活有宏偉的願景，想像它們也讓人快樂。我們幻想著什麼有可能發生，甚至會大膽設定一個目標或行動計畫，並朝著實現它們的方向前進。然而，很少有人能為自己設定有意義的目標，使得真正能達成目標的人變得更少——想想那些一月底便逐漸消失的新年決心就知道了。

令人哀傷的是，多數人的現實人生從未與宏偉願景相符：成為百萬富翁的夢想從未實現、夢中情人從未走進自己懷裡、理想的工作永遠不會來敲門，所以我們只能一直祈求這些自以為遙不可及的事物。時間越是流逝、我們變得越老，這種感覺就越糟糕。

一定有更好的方法。

如果換一種不會失敗的思維模式呢？如果你知道自己嘗試的每個目標都會實現呢？若真能如此，這種思維模式是否會改變你接近目標的方式？你會設定更高的目標嗎？會冒更多的風險？還是會感覺更有動力？

以我的角度來看，我們現在與目標的關係似乎有點偏差。一般用來實現目標的方法所產生的可能性有兩種：要不就是成功達成自己想要的目標（通常會讓我們心情很好）；要不就是未能達標，失敗了（通常讓人心情不好）。但即使我們設定好終點、想清楚到達那裡需要做到的各個小步驟（希望有效）並一路遵循，什麼都說了，也什麼都做了，成功的機率卻還是只有一半。聽起來還真讓人提不起什麼勁。

事實上，這種思維模式會誘導你只訂下微小的目標，好確保自己能達成，甚至根本不嘗試，這樣就不會遭遇可怕的失敗。付出所有時間和努力，卻無法獲得任何保證，感覺很像在浪費時間，不是嗎？當你開始覺得自己不太可能實現目標，或覺得必須付出過多時間和心力時，回到舒適的沙發，再次拿起遙控器要來得容易多了。

我知道這種思維模式限制了許多人。在理解這種非勝即敗的模式前，我同樣用這種受限的方式看待目標。當時雖然並沒有意識到這一點，但為了避免失敗，我一直只設定小目標，直到終於了解：自己和地球上其他人一樣，有價值、有資格、有能力實現想要的一切。你也是。如果想在世界上留下痕跡，就必須以不同的方式思考。多虧我的導師，我終於找到自己一直在尋找的：一種實現目標的全新模式，可以消除失敗風險的做法。

這一章將帶領大家輕鬆進入自己與目標的新關係，在這層關係中，成功將是必然。我們會先重新定義目標的真正目的，讓你以一種更宏大的方式思考自己的可能性，同時也消除對失敗的恐懼——這也是人人都必須克服的。

目標的真正目的

每個人都想實現自己的目標或夢想，那或許是你正閱讀本書的原因。我們也知道，尋找最簡單的成功之路是人類的天性；唾手可得的成果不一定最令人興奮，卻是多數人追求的。在為目標投入大量心力前，我們需要某種成功的保證。如果你是樂觀主義者，你可能會遵守樂觀主義俱樂部的信條：「凡事皆有可能」。然而，我們很少追求「可能」的事，只將精力集中在達成自認為「很有可能」的事。

想想看，你上次追求連自己都不太相信可以達成的目標，是什麼時候的事？你或許認為這不過是浪費時間，既沒必要花費精力，也不值得讓自己面對失敗和尷尬——我是說，誰會追求一個連自己都不相信可以達成的目標？沒什麼意義啊，不是嗎？如果你認為設定目標的最高價值就是達成它，那麼，盡一切努力爭取唾手可得的成就吧。但事實上，達成目標並不是設定它的最終目的，不是最重要的好處，也不是最高價值。在新的思維模式中，無論達成目標與否，其實都與它最終的真正目的無關。

讓我們繼續看下去。

「設定目標」的真正目的，是讓你成為能持續計畫並實現它的人。換句話說，也就是培養「實現者」的特質和特徵。在這個過程裡，成為什麼樣的人，將影響自己的餘生，這遠勝過任何短暫的成就。最重要的是，你可以透過每一項目標培養奇蹟智者的心態和行為，只要一遍又一遍地運用奇蹟公式，便能讓長期成功成為必然。因為這些小目標都只是自我成長的機會——測試「真正可能性」的機會，做得越多，就會做得越好。

我將重複在第二章曾談到的一些事。這是我的導師丹恩·卡思塔告訴我的，也是丹恩自他的導師吉米·隆那裡學來的。前面提到，設定目標不是為了完成它，而是培養自己成為能達成目標的人，無論是否成功都一樣。有些目標可以達成，有些不能。不論結果如何，如果直到最後一刻都竭盡所能，那麼你所成為的那種人、所培養的心態和行為，將幫助你在餘生中達成越來越重大的目標。

你的目標不是你的目標

你或許想知道路易斯·霍斯的故事。幾年前我曾在播客中訪問過他，他也曾出現在《上班前的關鍵1小時》紀錄片中。他的故事很神奇，用來解釋目標的真正目的，可說是再適合不過了。

路易斯年輕時最重要的目標是成為一名職業運動員。他的確實現了夢想，也打了一個賽季的室內足球賽，但他受傷了，職業生涯因此告終，連人生也是。

路易斯沒有備案，他身無分文，苦苦掙扎，不知道自己還想做什麼。過去他從未考慮過其他可能，現在則知道自己必須想個辦法，於是他開始接觸一群有影響力的人，訪問他們、向他們學習。有位導師告訴他可以去領英（LinkedIn）看看，這在當時還是個新網站。路易斯每天花幾個小時研究領英、建立自己的個人檔案，完整度足以讓其他人開始尋求他的協助。他只是追隨自己的熱情和好奇，直到世界意識到他正在貢獻一些特別的東西，而這種熱誠和好奇心最終也讓他成為一名播客。

時間快轉幾年，路易斯已是世上最知名的播客之一，他主持了一個收聽率前百大的節目「偉大的學校」，下載量超過四千萬次；寫了一本躋身《紐約時報》排行榜的暢銷書，還被白宮和前總統歐巴馬評為美國三十歲以下的百大企業家之一；他的媒體曝光度也很驚人，不但上過《艾倫秀》和《今日秀》，也曾登上富比士排行榜和《紐約時報》。這還只是其中一部分。

現在路易斯的任務是向全世界分享「偉大」的概念，讓人們有力量改變自己的人生，並幫助他們發掘天賦，讓人人都能對世界做出獨特的貢獻。他在成為職業運動員的道路上所培養的心態和職業道德，是達成更高目標的關鍵，而且遠超過自己的想像。路易斯並沒有過著自己原本想要的生活，他年輕時定下的目標其實也不是真正的目標。但他學到的經驗讓自己成為一名奇蹟智者，而他所創造的奇蹟，就是幫助他人創造自己的奇蹟。

現在，釋放自己的恐懼或失敗

一旦你理解並接受目標背後的真正目的，便會明白失敗沒什麼好怕的，因為你不可能失敗。**成爲怎樣的人，永遠比自己正在做的事情重要。**然而諷刺的是，決定你成為什麼人的，總是自己在做的事。因此，只要你對每個目標都保持堅定的信念，並付出過人的努力，無論結果如何，你都能有所學習、成長，成為比過去更有能力的人。至於你未來的目標，包括你還沒有想像到的，將會獲得回報。

要附加說明的是，如果你在通往目標的路上遇到障礙，這種思維並不會幫你把絆腳石搬開。這不是說，如果你覺得要達標不太可能，就可以放棄。記得我在第二章提到強銷期的故事嗎？事實上，我直到最後的最後才達到銷售目標，同樣使用奇蹟公式的同事們也有相似的情況。他們的奇蹟經常在最後一週或最後一天，甚至最後一小時才獲得成果。我不確定這到底是為什麼，但這種情況似乎經常發生。一次又一次，我看到或體驗到宇宙似乎在不斷考驗我們，看看我們願意付出多少心力實現目標。許多人在前進的道路上放棄了，只有那些願意保持堅定信念、付出過人努力到最後一刻的人，才能看見奇蹟出現。那些最後時刻是至關重要的，因為它們把人們帶到人生的另一個層次。直到最後都傾盡全力實現目標卻沒成功，和事情一旦不如預期時就放棄完全不同，因為事實上，沒有人能達到自己追求的所有目標，就連奇蹟智者也不行。

我兒子的房間裡掛了張海報，上面印了麥可・喬登的一句名言：「我的生涯中，有超過九千顆球並未命中、輸了將近三百場比賽、有二十六場球賽的決勝球沒投進。我的人生一次又一次的失敗，所以我成功了。」

失敗是學習的基礎，也是讓我們成長的方式。如果你如此追求目標，即使最終沒有達成，也足以達到更高的目的。如果你保持堅定的信念、付出過人的努力，就算與目標擦身而過，仍能培養出奇蹟智者具備的特質，像是信念、自律、職業道德、韌性……好讓你不斷挑戰。

唯有成長才能永恆

一般而言，我喜歡用真實人生的案例和故事說明，但在這裡，我覺得以下的假設情況更能解釋新思維模式的效果。故事的開始是兩位同事，約翰和瑪麗，他們都剛過四十歲，在中型企業賺取小資薪水，且兩人都夢想成為百萬富翁。

一個豔陽高照的下午，約翰走進便利商店，買零食的時候順手簽了張樂透。那天下午，約翰得到幸運之神的眷顧——彩券五碼全中，他馬上從焦慮的上班族搖身一變為身價百萬美元的人生勝利組。隔天早上，他辭掉工作，買了間更大的房子，訂了一趟六個月的奢華歐洲之旅，人生看來一片光明。

瑪麗已經好幾年並未升遷（也沒中樂透）。她受夠了，決定利用過去的經驗，自己開一家顧問公司。除了將全副心神投入創業，瑪麗也投入了大筆退休金。但就像大多數的公司，它不到一年就倒了。瑪麗冷靜下來，思考自己應該再次嘗試，或是回頭重拾朝九晚五的工作——雖然她討厭這樣，但至少可以有份穩定的薪水。

同一年，約翰漫長的假期結束了，他搬進豪宅裡——獨居。他買了幾輛新車，白天靠著看電視填補時間，晚上則大多去餐館或酒吧。大多數時候他都覺得無聊，但又不斷期望購物或尋歡的夜晚能讓他好過一些。

仔細反省後，瑪麗決定不再回到厭惡的職場，而是抱持堅定不移的信心，重新創業。有了上次失敗的經驗做為教訓，新公司在市場上越來越受歡迎，也開始賺錢。瑪麗花費近十年的時間，終於讓戶頭裡的存款突破一百萬美元；而隨著事業的不斷擴展，這個數字只會繼續成長。無論面臨什麼結局都絕不放棄的瑪麗，最終成為一位奇蹟智者。

不幸的是，約翰這十年過得並不如意，揮霍的生活最終導致他破產。的確，比起瑪麗，約翰的一百萬美元來得快又容易，但他不曉得如何留住這筆錢：既不重視這筆獎金，也沒有培養出讓自己繼續累積財富的特質，或至少懂得把錢留下來。

雖然他們是虛構人物，但這種情況總是會出現（儘管比例不高）。大多數人都沒有耐心，都想立即看到成果，但是就得到並留住「有價值」的結果來說，「立即」對必要的自我成長而言，並不是最好的時間長度。「立即」沒有留下足夠的餘地，讓你發展成功所須的特質，更遑論維持成就。因此，我們看到很許多迅速致富的人士，像是樂透得主或暴發戶，也以同樣的速度失去他們的財富。

思維模式如何成長？

無論做為一個物種或個體，人類擴展可能性的能力都非常驚人。那些曾看來不可能的，已經一再成為現實，我們的認知也因此開展，為未來創造出更大的可能性。

回想一下，你還是嬰兒時，行走是不可能的；終於，你踏出了第一步，突然間，走路成為日常；然後你開始跑跑跳跳，最後熟悉如何跳躍。對大多數人來說，這些里程碑似乎自然而然地到來，隨著年齡成長，出現的頻率也越來越高。認知的開展與形塑也是如此。

在求學階段，我們同樣經歷了類似的過程。念小學時，夢想當個國中生；升上國中後，覺得當個高中生的未來似乎更美好、更遙不可及，畢竟那些大哥哥、大姊姊看起來好帥氣好成熟啊！

等到高中生活終於到來，你這個新鮮人走進校園的瞬間，也成為那些酷高中生的一員。但小高一畢竟沒有學長姊那麼帥氣，他們年紀更長、更有想法，有些人甚至已經開始規畫留學事宜。

回想一下，你曾認為學長姊們有多吸引人、多成熟。我還記得自己高一的時候是怎麼看待高年級生的，他們不只氣場超強，似乎也比我穩重得多，而且看起來什麼都懂。

等我也升上高年級，想起自己曾認為超帥氣、看來「什麼都懂」的學長姊，才知道他們其實既不成熟，也不可靠，更和我一樣充滿困惑。這時我才了解到，人人都有潛力到達自己曾經崇拜的高度。無論未來看來如何不可思議，都是你尚未創造出來的現實。

想說明人們如何不斷擴展可能性，最具說服力的範例就是「賺多少錢」。小時候，只要把零錢投進小豬撲滿裡，就會覺得很興奮。對大多數孩童來說，「賺到鈔票」完全超出他們的能力範圍。等到我們開始透過幫忙家務或打工賺錢時，累積財富的方式就由投零錢升級到存紙鈔。突然間，每個月多拿到幾張紙鈔當零用錢變成可能，於是我們訂定目標：從賺一百元到五百元到一千元到五千元再到一萬元……不斷增加。

我清楚地記得，十九歲的我原本是個電臺ＤＪ，時薪只有十美元，負責播音樂和送出音樂會門票。但我放棄了這份夢想中的工作，開始嘗試「只拿佣金」的工作：卡特扣餐具銷售。第一個禮拜，我拿到三千多美元的佣金，比我在電臺工作三百小時賺得還多。你或許可以想像，工作一週就能賺到過去四個月的薪水，讓我對未來財務的可能性產生了新思維。

寫上一本書的時候，我曾有機會訪問數十位白手起家的百萬富翁。其中有個共同的主題，便是他們如何逐步發展出財務成長的可能性，並隨著時間不斷擴張。

對大多數的有錢人來說，他們也曾覺得一年賺十萬美元是個幻想；但是等收入開始邁進六位數後，這便成為日常的一部分，於是他們開始將眼界放得更高。大部分人的內在信念和外在收入是同時增長的，每一個新的收入等級，都讓他們對自己的可能性產生了新的想法，眼界也往上提升到新的層次。有趣的是，他們的工作時數不一定隨著收入增加，甚至常常會減少。他們的知識越來越豐富、經驗增加、效率提高，賺的錢也更多。他們的改變，帶來了財富的積累。

升級你的思維模式

關於一個人每天有多少想法，這一點尚有爭論，我在網路上看過幾個數字，最常見的是五萬到六萬個想法。無論數字是否準確，大家應該同意，我們每天都會想很多事情。

想法的確切數量不重要，重要的是我們必須承認，大家每天想的事情其實都差不多。如果你認為思想會創造我們的認同，那麼這一點將變得至關重要。換句話說，**你對自己的想法會成為現實**。心裡認為自己多有能力或多無能，你就會是那個模樣；人生的可能性是有限或無限，也正如你的想像，一切都依自己的想法而定。每天早上醒來時，腦中充滿慣性思維，而這些模式也經常依時序出現：早上，我們會思考自己得做些什麼才能出門、整天想著行事曆上安排了什麼工作；等到回家、準備休息前，又想著自己得做完什麼才行。我們給自己的時間很少，甚至沒有餘地思考更寬廣的未來，也沒空想清楚自己該做些什麼，才能開創新局。我們的生命一成不變，因為行事一成不變。

如果一直抱持同樣的想法，就會受限於相同的可能性（或根本缺乏可能性）。我們當下的現實被想法所創造，並允許它們占據內心。為了改善人生，你必須先改變慣性思維。最有效的方法是仔細記錄（如此一來，便不會只是依賴記憶），這些紀錄可以導引思考，讓心思專注於最重要的事、個人的可能性、必須成為的人，以及想讓可能變成必然時必須做的事。關於這點，我們會在第九章詳細說明該怎麼做。

所有奇蹟智者都希望自己能比以前更好，如果你也這麼想，就會明白，過去做過或沒做的事根本不重要，重要的是自己的想法，只要能控制想法，並承擔起責任，就會理解自己永遠有能力創造具有意義的結果，並改善人生。如果能持之以恆，獲得偉大成就的機會就會伸手可及。

改變一切的那一年

在我離開卡特扣前，我又給自己訂下了一個目標，而且是飛躍性的，也就是將我前一年最好的業績再次翻倍。業績增加二五％或五〇％已足以令人生畏，增加一倍就更可怕了。我從十幾歲到二十多歲，花了七年時間，努力邁向一年十萬美元業績的里程碑，並且兩次達成目標，也讓我入選公司年度十大業務，贏得前往墨西哥坎昆和加拿大班夫的公司旅遊。

二〇〇四年，二十五歲的我準備繼續追求作家和演說家的夢想。但等到我要繼續前進時，卻痛苦地意識到：我從未在公司發揮自己身為業務的潛力。十萬美元業績其實只是付出部分努力得來的，而不是盡全力；至少不是一整年都這樣。我想將年度最佳業績再翻倍，目標是一年二十萬美元——達成這個里程碑的業務屈指可數——我的主要目標是培養特質和特性，好得到自己想要的一切。

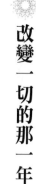

這個目標成為我的使命。

那一年我並非沒有其他目標，事實上，我許下了比以前更重要的目標（質與量都是）。除了讓最佳業績翻倍，我還要撰寫並出版第一本書、到高中和大學進行十二場演講、一週工作五天、一週攀岩三次、認識能共組家庭的女性、捐款一萬美元給慈善機構。這些還只是主要目標，不是全部；我人生的每個領域都有個目標。

釐清哪一項目標最重要，並將它定為年度使命，對於達成它及其他目標都會帶來巨大的影響。了解首要目標（一年二十萬美元業績）會讓我自動排出優先順序。簡單來說，除非規畫好所有能讓使命必然實現的流程，否則我不允許自己將任何時間花在其他事情上。

為了讓年度業績翻倍，我每天撥打的電話量也是兩倍，而且不會對那些電話或業務簡報的結果產生情緒；單純只是遵循自己訂好的流程，而這些程序也一定會讓我得到想要的結果。此外，我還與公司裡其他追求一年二十萬美元業績的同事組織了一個團隊，每週聚會一次，分享自己的所得、挫折和最寶貴的教訓。雖然組成團隊不在優先目標的清單中，但那確實對我的首要使命有幫助。進入新的領域時，一旦我開始消沉、懷疑自己，這個團隊就會給予支持、新的想法及許多能量。

設定目標後不到十二個月，我收到佣金表，看到自己那一年的業績剛剛好超過二十萬五千美元。我不可置信地盯著那個數字。當時我站在床尾，整個人向後一躺，慢動作似的，就像倒在一片雲朵上（請配上鼓舞人心的音樂）。我心跳加速，大腦試著處理「自己剛達成過去認為非常不可能的目標」的訊息。我花了幾分鐘才接受新的現實。從那時候起，我明白人人都有能力克服自己的恐懼，做到任何願意付出努力的事。

我不是唯一達標的人，團隊裡還有五個人也同樣達到這個目標，這是公司史上最高紀錄。但故事還沒有結束。如果你高度專注在單一目標，且帶著堅定的信念、付出過人的努力去追求它，一定會發生有趣的事，而你也會達成其他自己以為並未完成的目標，因為它們已與你的新身分相符。

在那一年裡，我也撰寫並出版了第一本書、認識了夢寐以求的女性（並和她孕育了一對兒女）、一週工作五天、一週攀岩三次、開始練習瑜伽、捐出比過去更多的錢給慈善機構。那是人生改頭換面的一年，因為我不但改變了自己的思維模式，連帶的，包括自己的能耐或承諾要做的事在內，都產生了相應的變化。簡單來說，接受並不那麼好的自己這麼多年之後，我終於得以開拓潛能，也變得更好。那一年是人生最好的一年，因為我更上一層樓，成為自己能成為的那種人。我也很期待大家都能有那樣的經歷。

在進入下一章前，我邀請大家花點時間想想這種新的目標思維模式。你是否曾認為某件事不太可能成功，於是過早放棄，甚至從未開始？你是否曾克服過懷疑（或理性），最終得到意外的結果？

我們都有這樣的故事，我自己的人生也有許多費盡千辛萬苦才達到目標的經歷。有些時候，雖然沒那麼努力，但還是能達到目標；也有些時候，儘管嘔心瀝血，成果卻差強人意；更有些時候，我既沒那麼努力，也沒達到目標。重點是，儘管努力不一定必會帶來具體的成果，卻一定會帶領你成為自己想要成為的人。

現在，我們已經了解目標背後的真正目的，也擴展了你對可能性的想法，下一章將更深入說明，如何決定什麼才是最重要的。各位將知道哪一項目標就要成為個人的使命，也就是最重要的單一目標，它對於培養奇蹟智者所擁有的特質和能力有極大的影響。

第六章

你的使命

——釐清自己的首要任務

你的工作生活被分為截然不同的兩個區域：重要的，和其他。
你必須對重要的事採取極認真的態度，
對其他事情的變化處之泰然。這才是專業的成功。
——蓋瑞．凱勒（創業家、作家）

你對可能性的新思維模式有什麼感覺？在上一章，我們已經以全新的方式理解目標背後的真正目的，現在你可以開始設定目標——對你真正重要的目標，多大都可以。你不需要再感到害怕，因為不可能失敗。你只會從中學習、成長，成為比以前更好的人。一個越是遠離舒適圈，你就能學到越多、成長得越快，還能更快學會奇蹟智者的特質。擁有「無限必然性」的世界正向你敞開。

也許你可以想像一下：如果自己開始過這樣的生活，人生會是什麼樣子、會有什麼感覺——收入增加了，財務安全性牢不可破；運動量增加，體能狀態也處在巔峰。你終於拿出似乎遺忘已久的表單，上面寫著你自己最大的目標和夢想，並開始一項項確認。

這樣的人生不是很美好嗎？尤其是你最大的目標和夢想同時實現的時候。

等一下，同時實現？你想同時實現所有大目標？關於這一點，我們要好好聊聊。

專注的力量

過去二十年，我接觸過各行各業的人，也看見大多數人都有類似的困擾：我們想一次追求許多目標，卻不知道哪個才是最重要的。它們包括健康、家庭、財務、工作、戀愛……清單連綿到天邊。但你知道，如果我們沒弄清楚目標的重要性，會發生什麼事嗎？我們會很忙碌，或許會有些微不足道的進展，但最後都會和終點擦身而過；也有可能根本覺得應接不暇、難以承受。

我們可以比較一下設定單一目標和多工作業。人們很容易一次做太多事，身處的文化也要我們這樣過日子：將大腦分為不同部分，同時處理不同事務：在工作的時候檢查臉書的通知、在開車的時候講電話、和孩子玩的時候讀簡訊。我們看似能一心多用，但這樣真的比較有效率嗎？

答案很簡單，沒有。根據史丹佛大學在二〇〇九年的研究指出，使用不同媒體進行多工作業的人，其實比較沒效率。他們較難找出不重要的資訊，也較無法在兩項不同的任務間轉換，記憶力更不如專注工作的人好。多工作業會拖慢你的進度，同時追求數個目標、賦予它們同等的重要性，也會有一樣的影響。

舉例來說，你將專注力同時分給五個不同的目標，幾個月後，其中兩個目標或許能有五％到七％的進度，但其他落後的目標只有二％到三％，有些根本沒進度。再過幾個月，有些目標的進度或許能再提升五％到七％，其他目標進步個二％到三％，但還是有一到兩個目標進度完全為零。六個月後，每個目標都可能只觸及了表面，無法再推進。到那時候，你說不定已經失去了一開始設定目標時的動力和動機，現在又想換五個新的目標——新鮮、刺激又有趣。

如果你又用一樣的方法追求它們，那麼這五個新目標也仍然只會有五％到七％的進展（或更少）。這種方法分散了你的注意力，變成永不休止的惡性循環，目標一再失敗，潛能未能發揮，既無法讓你培養出釐清輕重緩急的能力，也無法長時間保持專注。若想達成重要目標，創造具體、可測量的奇蹟，這些都是非常重要的能力。

同等重要的目標設定得越多，就越難達成真正重要的那一個。如果我們沒搞清楚最重要的究竟是哪一個，人的天性會讓我們保持忙碌、尋找阻力最小的路徑、從事那些影響最小的活動。明明打電話更有效率，但我們還是選擇寄電子郵件；明明閱讀一本自我成長的書更好，卻還是選擇看電視。我們允許忙碌侵占自我的無限性。

別再這麼做了，是時候學習如何專注在最重要的事，好讓你能體驗更多。因此，我們在這一章將學會如何專注在一個目標上——最重要的、能對生活品質造成最重大影響的那個。我知道這或許會讓人們感到不安。大家會說：「可是很多事都很重要啊，我有很多想達成的目標，怎能叫我只選一個？」我懂。我也理解這和我們的多工文化背道而馳，但我真的希望各位能成為奇蹟智者，而且你會發現，建立並讓注意力維持在一件事情上，是成為奇蹟智者最有效的方法。

訂房網站 Priceline.com 創立者、百萬富翁傑夫．霍夫曼最近在我的生意夥伴喬恩．

伯格霍夫舉辦的一項會議中發言，當然，我也是該會議的共同主持人。我覺得自己在會議中寫下的許多筆記裡，這句話是最重要的：「你只能贏得一面金牌。」

我們先好好想一想。

許多奧運選手一輩子只致力於同一件事情，就是把自己訓練成最好的運動員。記得我們在上一章學到的，當你選擇並投入一項使命裡，就更有可能達成其他目標，因為你會根據這件最重要的事安排自己的生活。

在這一章，你會知道自己是否依首要任務安排生活（有可能不是，但別擔心，你並不孤單）。在我提供安全網以確保你達成目標前，你要不管三七二十一地投入單一使命（我會督促你這麼做，即使你並不熟悉所有的內容）。這一切都是為了在進行第十章的「三十天挑戰」時做好準備。

好了，做個深呼吸，我們要開始了。

從最重要的事開始

有人會說，最快找出首要任務的方法，是直視自己或親近之人的死亡。三十七歲確診羅癌後，我認為自己的優先順序是這麼安排的（是的，那時候有很多重要的事）：第一、家庭；第二、健康；第三、朋友；第四、財務安全；第五、生產力或成就；第六、樂趣。然而，得知自己在未來幾個月內死亡的機率高達七成到八成時，我很快意識到：我有妄想症（換成你，你很有可能也這樣認為）。

如果你問我，在我的世界裡，什麼是最重要的，我會毫不猶豫地告訴你「家人」。我是認真的。

我愛妻子和兩個孩子更勝一切，他們是我的全世界，我衷心相信沒有任何事比他們更重要，我所做的一切都是為了他們。

那麼問題在哪裡呢？哪裡出錯了？嗯，只要瞄一眼行事曆，便不難找到癥結。我使用時間的方式和心裡所想截然不同：我經常出差，一週工作六十幾小時；因為我還有另一項龐大的計畫要完成，所以只好放棄週末和家人相處的時間。就算我真的把家人當成第一優先，他們還是被擱置在一旁——而且經常是為了較不重要的事。我的行為和嘴上的重要順序並不一致。

經過深刻的反省和反思，我發現自己其實把生產力和成就看得比一切都重要，也幾乎把所有時間和精力都花在完成一個又一個計畫。因為忙著注意業績數字，我並沒有專心念床邊故事給孩子聽；我沒有好好聆聽妻子說她今天過得怎麼樣，而是邊看電子郵件、邊回覆那些我認為緊急的信件，還邊對她點點頭。我並沒有真的專注於任何一件事——特別是家人。但我有很好的理由（至少以為我有）。我重視自己和家人的財務安全、希望那些對我而言無比重要的人能吃得好、穿得好，過著舒服的日子。但是當我靜下來檢視自己的思路時，卻看見這些對財務安全的關注並非出自對家人的愛，而是恐懼。我對事情優先順序的安排，根本與他們毫無關係。

在二〇〇八年金融危機過後的幾年裡，我原以為能完全控制自己的財務狀況，沒想到卻失去了一半以上的客戶，他們都是金融海嘯的受災戶，無法再負擔和我合作的費用。我的收入出現巨大缺口，付不出貸款、房子遭到拍賣，我的信用也毀了。那是我人生的最低谷，情況很糟糕，為提升業績做的一切努力也都發揮不了作用，只有債務越滾越多。我真的不知該如何把自己從財務困境中拯救出來。即使最終我仍扭轉逆境、開始向前邁進，卻在幾年後意識到：自己仍被一種根深柢固的恐懼驅使，害怕再次失去一切。

因此，來自客戶的每封電子郵件都變得至關重要，我的每一場演講都像一根救命稻草。沒錯，我確實想養家餬口，但不只如此，我真正害怕的是再次經歷金融危機、經濟大蕭條，也害怕完全無法控制生活的感覺。

為了克服這種恐懼，無論我是否意識到，生產力都成為優先順位最高的事。我曾在演講後與無數人交談，發現大多數的人都是這樣。無論稱它為生產力、成功、成就或工作，其實都是同一種東西，許多人也都沉迷於此。我們不只將專注力放在讓自己忙碌且不太重要的任務上，還讓這種情況危及那些真正重要的事物。

當我們不停工作時，忙碌同時也會危害我們的身體和大腦；換句話說，你正在迫害自己的健康。更進一步看，我們也破壞了自己的家庭、興趣、精神，甚至是工作（而且在同一時間），因為我們總有一天會精疲力竭。

人們不只在與生產力有關的項目上這麼做，也會從事很多不太重要的活動。想想你花了多少時間看電視、上網、滑臉書，甚至是玩手機遊戲。沒錯，這些都會占據我們花在首要任務上的時間。或許你認為「我根本沒有足夠的時間做最重要的事」，但未必真的沒有時間，更有可能是將時間花在較不重要的活動上；而且因為在這上頭花費太多時間，讓人誤以為它們具有相同的重要性。記得，你的時程表從不說謊。

＊＊＊＊＊

直到確診罹癌後，我才明白自己的人生不僅沒有依首要任務安排，日常生活也都被恐懼驅使。我不認為有誰想驚恐度日，至少我不想。所以我決定做出一些巨大的改變，好讓最重要的事——也就是家人能真正成為我的首要任務。

結束第一輪五天的化療並出院後，我開始改變。

我坐在快四歲的兒子面前，告訴他：「小子，今天你想做什麼都可以！我們可以去湖邊，可以去比賽卡丁車，可以去打保齡球，可以做任何你想做的事！」

他回答：「真的嗎？嗯……到我房間玩玩具！」

我心想，他一定是誤會了。「不，小子，我是說，想做任何事都可以！如果你可以做任何事，你想做什麼？」

他回答：「我只想跟你在我的房間玩。」

我真的大吃一驚，也明白了兒子的首要任務，就是和我一起玩。如果對我而言，家庭是最重要的，那麼兒子重視的事，便是我的要事。

在那瞬間，我得到了簡單卻深刻的領悟：孩子們不會記得爸爸繳了多少貸款、賣了多少本書；而我在人生的最後（應該不會太久），也不會在乎這些事。我自己也意識到，等到下班後才和孩子們度過不太「優質」的時光，讓我生命中最重要的人只能得到一個「剩爸爸」，他們無法見到最好的我，只能看到我疲倦、耗竭、心力交瘁的模樣。過去的他們就是如此。我必須翻轉這種情況，好讓家人真的能成為第一優先，無論是真正的，還是象徵性的。

那天早上，到兒子房間和他一起玩之前，我設了個三十分鐘的定時鬧鐘，決定每天早上他上學前，我們都要一起玩。這只會花我一點時間，但對他來說卻是一切，而這麼做也能讓彼此的關係更緊密。

依首要任務訂定時程

自從和兒子一起玩耍的那天起，以及從癌症中痊癒後，我變得更注重家人，也非常想竭盡所能地當個最好的父親和丈夫。這份重視讓我的時間安排產生巨大的變化，也已和我的優先順序相符。現在我們家的日子通常是這樣過的：

我每天早上四點半醒來，先進行一小時的「挽救人生六法」：靜心、肯定、觀想、運動、閱讀和書寫，並且給自己定了規則，必須先讀至少十頁的教養或夫妻相處書籍，才能讀商業書。光是這項承諾，就能讓我每天提醒自己「家人才是第一優先」。

早上六點，到孩子的房間裡叫醒他們（過去都是由妻子負責）。我希望他們能用正向的心態和情緒開始新的一天，因此一開始，我會爬上他們的床，抱抱他們或搔他們的癢，然後在他們醒來時說些肯定的語句，像是「我最愛的兒子／女兒早安啊，你們可愛又聰明，醒來時將充滿正面能量。現在該起床，讓今天成為最棒的日子囉。」心裡想到什麼就說什麼，有時候會唱歌肯定他們，有時候用好笑的聲音，反正就是胡搞一通，讓起床變成一件愉快的事。

等孩子們穿好衣服、刷好牙後，我們會一起進行兒童版的挽救人生六法，然後再和兒子玩一會兒（這是他最喜歡的），一開始玩玩偶，接著玩桌遊。這些活動結束後，我基本上會化身妻子的個人助理，幫她打包午餐、準備送孩子上學（這又是另一件從未做過的事，因為我總是用工作躲掉）。幫助妻兒在早晨做好準備，已成為充滿意義的家庭經驗。那不是義務，而是強化彼此連結的機會，也能讓我對孩子們產生正面影響。

接著，我送孩子上學（過去也總是漫不經心地丟給老婆負責）。每天早上和孩子們度過高品質的時光——決定他們一天的心情、進行有意義的對話、聽歡快的音樂和跳舞（是的，我們在車裡開趴）——是無價的！我也開始提早下班，每週有三天只工作到下午兩點，而不是五點，這樣才能到學校接小孩。一開始很難從工作日中抽出這三小時，但我很高興自己做到了。

大約下午五點，家人一起吃晚餐，這時候我們會輪流玩感恩遊戲，也就是說出自己感激的事物。我也參與孩子們上床睡覺的過程，像是讀床邊故事或聊聊自己的童年（這也是讓孩子了解我的好方法，同時還能將自己學到的寶貴經驗教給他們）。這也確保了我每天的開始和結束都在做最重要的事——早上和孩子們相處，晚上陪著他們入睡。

週六時，我會帶孩子一起度過「親子好玩日」，讓我們有其他機會共度優質時光。除了和孩子一起做些開心的事，也讓妻子能把一整天留給自己。至於妻子和我，會很認真地維持我們的「約會夜」：找位保姆，一起出去共度美好夜晚。

這些改變並非一夜之間，而是循序漸進的；這麼做也絕非易事。我仍打從心底害怕經濟再次崩潰，這表示我除了可能再次面對個人金融危機，還會加劇對工作／生產力的依賴。好消息是，我發現自己越是堅持依首要任務安排生活（和它帶來的任何改變），就越是感覺輕鬆和自然。某天，有人邀請我參加可能對工作很重要的活動，但我毫不猶豫地說：「不，謝謝，那天我要陪孩子。」

我離「十全十美」超級遙遠，但有時候我還是得讓賢，請老婆出手。我和首要任務（家人）之間關係最大的突破，是我不再願意花「剛好」的時間陪伴他們，以完成想像中的待辦事項。相反的，趁孩子還小、還願意和我在一起時（很多經驗豐富的家長警告我，這段時間比想像中來得更短），我會盡可能多陪伴他們。我人生中的第一優先是與孩子建立聯繫，並對他們產生正向影響；而要把這件事做好做滿的唯一方法，就是與他們共度美好時光。和他們在一起的時間越多，彼此的連結就越深刻，我也越能對他們的成長帶來好的影響。所以一有機會，我就會趕緊抓住。

我本來希望自己是唯一一個沒依照首要任務安排時間的人，但癌後對上千人進行主題演講時，我才知道大多數人都是如此。如果你也是這種人，那麼對你來說，首先要承認這一點，並承諾做出改變、對自己誠實。如果你想把工作當成首要任務，那就堅持下去，別為此感到愧疚。在我成家前，工作是我的頭等大事，我對此非常滿意。至於現在，工作有些時候仍是我的首要任務，但已經成了例外。如果你知道必須將健康放在第一位，就要確保自己的行動和時間安排能支持這項選擇。

要知道的是：首要任務可以改變，也將會改變。我確信你現在的優先順序和十五歲時大不相同，它在未來也會再次改變（可能還會換個幾次），所以別給自己太多壓力，不用急著釐清現在的首要任務是什麼，也別害怕你的其他目標會因為這項選擇而遭到壓迫。你將發現，只要弄清楚首要任務、知道自己最重要的事情是什麼，工作效率就會提高。

什麼對你最重要？

你能肯定地表示「我知道自己人生中最重要的事情是什麼」嗎？家人？朋友？健

康？如果你對此並不確定，希望你能努力找出來。世上最成功、最有成就的人都很清楚知道，對他們而言最重要的是什麼（也就是最高價值和首要任務），並依此安排每天的時間。

當然，不是每個人都會有改變生命的事件闖進來，讓他們更了解什麼事對自己最重要，也更明白如何依輕重緩急安排生活。如果你還在嘗試解決這個問題，不妨試試另一種方法吧。我們將時間推進到未來，想像自己已經像個奇蹟智者般生活。你醒來，帶著堅定信念和過人努力迎接每一天，不斷創造讓自己有成就感和滿足感的成果。人們看著你時，會心想：「老天，世界是為了他們而運轉的，他們運氣真好！」你比過去更幸運、平靜，因為生活都是依首要任務和最高價值來安排的，你的行程表也證明了這一點。雖然你能看到機會無所不在，但你可以大方拒絕，因為只有那些與重要事物有關的機遇，才會讓你起心動念。

看著身為奇蹟智者的自己，你覺得自己生命中最珍惜的是什麼？家庭，健康，工作、財務、精神、興趣、貢獻，還是個人發展？你怎麼知道的？你的行程裡有哪些活動是依此安排的？

我知道自己說過很多次了，但找出你最看重的事，對釐清個人使命可說至關重要。如果生活安排與自己看重的事保持一致，奇蹟（尤其是具體、可測量的那種）就會更容易實現。否則，你會不斷因太多「重要事務」感到不知所措，無時無刻都在糾結該將精力放在哪裡。

現在，如果你已經知道首要任務是什麼，請拿出自己的目標清單——如果你還沒為今年或此生寫下任何目標，請馬上把書放下，花幾分鐘寫下你未來幾個月內想實現的目標。不必寫得完美，只要先寫出以下各層面所想到的第一件事（你希望改進的事）：

- 健康與健身
- 家庭
- 朋友
- 工作
- 金錢
- 興趣
- 個人發展
- 精神
- 貢獻／慈善

請在檢視目標、決定何者重要到足以成為你的首要任務時，回答這個問題：如果我想得到人生中想要的一切，這些目標裡的哪一項能讓我發展出必須的優點和特性？

這些目標所帶來的優點和特性——像是紀律、韌性、毅力，最重要的是堅定的信念和過人的努力——應該會推動你往（心目中）奇蹟智者的願景前進。這些目標與你追求的最高價值一致嗎？如果不是，請想想是否該改變自己的目標或價值。記得，你要為新的身分付出所有專注力和精力，所以這些目標和價值應該保持一致。此外，不要逃離那些看來令人生畏或難以實現的目標。覺得最高目標令人害怕是很正常的，它應該在現有的舒適圈外，迫使你進入另一種新的生活方式，所以才必須確保它真的很重要。

大幅減重的目標是否能讓你培養出奇蹟智者的優點和認同？創業呢？轉職呢？寫書呢？跑馬拉松呢？收入加倍呢？最後兩項很適合我。

只要你清楚哪一項目標最能有效帶領你朝新身分邁進，它便是你的使命。我故意用「使命」這個詞（在我的生活中也是如此），是因為它聽來更加嚴肅，也暗示了更高的目的。根據《韋氏大字典》的定義，目標意指「努力所指向的終點」。設定目標很有趣，你可以想像這些大事正在發生；如果沒有發生，只要選擇新的目標，然後繼續開心地想像它們會成真就好了。結果卻使得這些目標看起來更像是幻想。

另一方面，使命暗示著不同程度的承諾，一百個目標所承載的重量絕不如一項使命。軍隊執行使命、人道組織執行使命。使命和目標的重量截然不同，而使命也通常與更遠大的願景連結在一起。不同的說法，會帶來不同的體驗。

目標：我們想完成的許多事。

使命：我們承諾完成的一件事，無論發生什麼事。

決定你的使命時（如果還沒決定的話），請瀏覽自己所有的目標，並回答這個問題：**爲了得到人生中想要的一切，這些目標裡，哪一項能讓我成爲自己必須成爲的人？**

我的使命是：＿＿＿＿＿＿＿＿＿＿＿＿

＿＿＿＿＿＿＿＿＿＿＿＿＿＿＿＿

＿＿＿＿＿＿＿＿＿＿＿＿＿＿＿＿

＿＿＿＿＿＿＿＿＿＿＿＿＿＿＿＿

＿＿＿＿＿＿＿＿＿＿＿＿＿＿＿＿

現在，我們已藉由釐清使命建立了一點動力。但你或許會納悶：「我要怎麼完成它？」別著急，我還不打算詳細說明這一點，但保證會在第八章討論如何發展這段歷程。現在要告訴你的是，這比你想像中的容易許多。所以，繼續前進吧。

創造自己的使命安全網

即使你是位大膽又有抱負的冒險家（我不是），在走上鋼索前，還是得先確保安全網已架好。同樣的，在你嘗試任何新奇、可怕或位在舒適圈以外的事物前，也該如此。

創造奇蹟要跨越的第一道障礙，是建立堅定的信念。完成使命的可能性越高，越有可能保持參與的積極度。而在投入使命前，你可以先執行下列幾項策略，以提高完成使命的機率。

建立每月目標

對達標者來說，每個新年都是令人興奮的時刻，它讓我們有機會反省自己過去一年的進展，並為未來十二個月設定新的目標。每年都有數百萬計的人設定自己的年度目標，但大多數的人都因為這個或那個原因沒達到。為什麼呢？

我曾經讀過一本很棒的書《一年十二週》（***The 12-Week Year***），內容讓我意識到，一年其實是很長的時間——或許太長了？一月底到了，你的目標還沒實現？沒關係，你還有十一個月可以努力。到了四月還是沒實現？別擔心，你還有五月、六月、七月、八月、九月、十月、十一月和十二月可以趕上進度。時間很多，對吧？

長期目標的挑戰在於我們給自己太多時間，於是失去了珍貴的「急迫性」。如果拖延、不切實際和永恆不變的樂觀同時出現——你總是認為自己**還有很多時間**——便會讓人誤以為自己能負擔得起「拖延」這項奢侈品。這個循環導致我們錯過機會、未達到目標，也未實現潛力。

如果我們要求自己實現目標的時限不是十二個月，而是一個月呢？如果每個月都是全新一年的開始呢？如果每個月都有機會反省自己的進度，設定新的目標，給自己全新的開始呢？

建立每月目標——每個月都訂下一個能支持個人使命的目標——能讓你更專注於自己的首要任務。不但能讓你感受到健康且持續的急迫感，也能讓你朝著終極任務前進，也就是培養奇蹟智者的思維和行為。

設計你的環境

人們往往沒意識到：擋在目標前的障礙物，是我們自己搬過來的。舉例來說，我們想減重十公斤，卻在食品櫃裡放滿餅乾和汽水；想在早上靜心或運動，卻拿起手機檢查電子郵件、社群媒體和沒完沒了的待辦清單。我們宣稱擁有偉大的目標和夢想，行事曆上卻似乎缺少實現它們的時間。

評估你的環境、看看行事曆，以確保沒有事物干擾首要任務的進行。在理想情況下，「使命時間」應該是行事曆上的週期性事件，而且盡可能安排得早一點，因為等得越久，越可能將它拖到隔天再做（曾這麼做的人請舉手）。在精力最充沛、腦袋最清醒的時候，最容易完成重要任務。如果想在下班回家的路上去健身房，而不是早上，就把運動用具放在車上，甚至在離開辦公室前換好運動服，讓自己更容易實現目標。

如果想爭取更多客戶，就找個固定的時間和安靜的地點打電話、安排會議。如果你的目標是掌握一門外語，就該大量接觸書籍、相關節目，甚至是會說那門語言的人。我們已討論過如何在心裡留下情緒空間，以便有位置創造奇蹟；同樣的，你也需要創造自己的物理空間。

另外，也想想身邊的人。如果周遭的人們總是找很多藉口，人生也似乎沒什麼進展，便無法從他們身上得到多少動力。哪些人已經在做你想做的事？找出他們吧，或至少找到那些已經依首要任務安排生活並獲得成功的人，不管那些任務是什麼。

現在，我的行事曆依「家人」這項使命安排，基本上也已發展出自動模式，它讓我能重新專注於另一項使命「無癌」，這樣我就可以和家人一起健康長壽。此外，我也調整了身邊的環境，好支持那項使命：每天早上花十分鐘背誦自己的無癌宣言，然後是十分鐘的靜心，再讀十分鐘與癌症相關的書，了解如何保持緩解狀態。接著，在早餐時喝一杯自製有機檸檬汁、享用每週宅配到府的美味有機蔬菜……我有意識地調整身邊所有環境，好為目前的人生使命提供支援。而不管是「家人」或「無癌」使命，現在都已發展出自動模式，更讓我能將注意力放在其他事情上。如果你能調整好自己的時間安排和環境，就能和我一樣發展出自動模式，好讓注意力轉移到下一項使命。隨著你逐漸培養出奇蹟智者的優點和特性，進入自動模式的速度就會更快，難度也會更低。

建立督促資源

做以前沒做過的事情，很容易讓人感到壓力並放棄，這我懂。我建議你花些時間與志同道合的人接觸，和他們相處。原因在於組織和領導一個團隊，能讓人培養責任感，並獲得鼓勵和不同的觀點。這都是幫助你完成使命的無價之寶。

首先，你必須對自己要做的事負責。誠信是最有用、但未被善加利用的資源，意思是說，當你說要做一件事的時候，做就是了，沒有例外或藉口。只要你承諾過著完全誠實的生活，便有能力實現自己想要的人生——如果你表示要做某件事，而且絕對會信守諾言的話，必定會完成它。

事實上，保持誠信說來容易，實踐起來卻非如此，尤其「找藉口」往往是人類的直覺反應。事實上，人們經常未意識到：我們認為藉口比誠信更重要。那麼，要怎麼評估自己是否傾向於找理由呢？只要想想自己未能在承諾的截止期限前完成目標時，會發生什麼事就好了。你的注意力和創造力去哪了？總而言之，你並沒有在截止期限前付出過人的努力，而預設的做法（儘管那可能是無意識的）也許是想個藉口搪塞，好讓自己能晚點再努力，或完全將它拋之腦後。像小時候「我的作業被狗吃了」的說詞，不過是用稍微複雜一點的方法，努力逃避責任罷了。

如果你發現自己也這樣做，不用難過，因為大部分的人都是這樣。所以和同樣致力於發揮潛力、實現重要目標的人在一起是很重要的：他們會創造一張安全網，會讓你為自己說過的事負責，或在你找藉口休息時叫醒你，同時也會給你支持和鼓勵。

面對現實吧，達成目標沒有捷徑，一定會有起伏高低。當你覺得人生的壞日子多到讓人想放棄時，一個內建的支持網絡將變得至關重要；就像有一整群私人教練專門為你服務。此外，這不只是單向接受別人的好意。為他人提供支援，能激發出你最好的一面，讓其他人也為自己說過的話負責，並進一步幫助你對自己更加負責。

你的奇蹟智者團隊（不管你幫它取什麼名字）能在自己困頓時提供不同的觀點和策略；反之亦然，它也能讓你更快獲得清晰的思緒，脫離困境。光是有人相伴，就能消除對宏大目標的恐懼，更別說身邊有一群志趣相投的人，而且人人都有自己的處事原則，這些無論如何都是非常寶貴的禮物。

如果不知道哪裡有志同道合的人，或是不喜歡團隊合作，你還有一種選擇，就是找一位能督促你的夥伴。只要你們能經常交流，而對方也能嚴格要求你為自己的進度負責，這位督促者就能發揮和團隊一樣的功能。重點是，一定要有這樣的對象，而且強烈建議找配偶、家庭成員或戀人以外的人，因為這些親近的人更可能對你心軟。光是在日常行程中安排一些時間找到督促者這件事，就能決定你是否成功。

選擇奇蹟導師

至少找一位導師，因為人人都有盲點。他／她也許是奇蹟智者團（不管你幫它取什麼名字）的成員或督促者。雖然導師能幫助你承擔責任，但在許多時候，他們可以讓你看到更廣闊的可能性。導師通常會提供建議和指導；你正在努力的目標，或許正是他／她已達成或嘗試過的，因此可以基於自己的經驗給你建議；也或許你的導師只是個非常了解你的人，在你追求目標時，能看見你從未考慮或一直沒有自信踏上的道路。

我在前幾章提到的喬恩．伯格霍夫就是第二種導師。他在過去的二十年裡，對我產生了正面（也可說是最深遠）的影響。不過剛認識的時候，我壓根沒想過他會成為我的導師：第一、他比我年輕；第二、我們以前在公司的時候是死對頭。

他晚我一年半進公司，並且很快就逐一打破我創下的銷售紀錄。我還記得彼此第一次見面（超尷尬）是在業務會議上，而就在會議開始幾分鐘前，他打破了我珍貴的強銷期銷售紀錄。接下來的一年裡，我們開始互相了解，也變得要好。喬恩也是我最聰明的朋友之一，因此他雖然年輕，經驗又比我少，成績卻仍比公司史上任何業務（包括有數十年經驗的）更好。

二〇〇一年，我還在卡特扣工作時，另一家公司希望雇用我為兼職業務，銷售它的產品。我覺得這是個增加收入來源的好方法，於是打電話給喬恩，問他想不想跟我一起加入。他的反應雖然出乎意料，卻完全改變了我的人生軌跡。

「哈爾，你在幹嘛？」他的語調很嚴肅。「聽著，你死過一次。別人都說你不可能再用自己的雙腳走路，但你做到了。我知道你並不認為這有多了不起，因為你只是這麼做了，只是自然而然的想法，但它一點都不普通。」他說我應該分享自己的故事，告訴人們我如何面對並戰勝逆境，好讓他們效法。「如果我是你，我會把所有空閒時間拿來寫自己的故事，而不是去賣另一家公司的產品。」我想了想喬恩的話，他是對的。那次對話成為我將作家和演說家當成人生志業的催化劑。

認識喬恩時，我從沒想過有一天他會成為我的導師。因此我總是告訴人們，要留心傾聽好的建議，它可能來自意外之處。我們越能向不同類型的人學習、越能接受他們的回饋，就越有機會找到新的導師、獲得新的視野，並讓我們更接近「十分」人生。

公開你的使命

為了幫助你堅定對使命的承諾，並負起責任，公開它吧！告訴親近的人，你在奮鬥什麼、你為什麼要不顧一切地全力以赴。我知道有個學派認為，不需要分享自己的目標，只要做給別人看就好，而不是宣之於口。不過與別人分享目標確實能改變一切；如果不說，就會更容易放棄。大家都是一樣的。

我知道公開目標的影響，因為自己就試過好幾次。前面提到，我和其他業務組團，一起為了二十萬美元的業績目標奮鬥，因此我們公開自己的使命，彼此提供支持和責任。當我決定進行一場慈善超級馬拉松（大約八十四公里）時，也公開了這項更大的承諾。

各位要知道，雖然這沒什麼好自豪的，但我是討厭跑步的那種人，一直都是。然而在二〇〇八年，明明討厭跑步的我，卻承諾要跑一場超級馬拉松。我知道，這聽來完全是背道而馳的兩件事。在某個早晨，我萌生了一個想法：**我想知道自己要怎樣才能一天跑八十四公里？**我不認識這樣的人，也從沒遇過，但就是想知道他們會是怎樣的人。應該比我更有紀律？更有能力？哇，說不定還能完成任何他們想做的事。我真的很想成為那樣的人。

所以我做了兩件事，好獲得他人的支持和督促。首先，我在臉書上公開承諾要為自己最鍾愛的慈善機構跑一場超級馬拉松。公開承諾讓我有了堅持到底所須的籌碼，如此一來，想放棄的時候（創造奇蹟的過程中，我們都會經歷這種事），就會提醒自己不能變成明明說好，卻半途而廢的那種人。接著，我上網訂了一本書：《非跑者的馬拉松教練》（*The Non-Runner's Marathon Trainer*）。

幸運的是，有三位朋友願意和我一起參加這個活動，我們也稱彼此為「超級朋友」，而且大家最後都跑完了全程。我還是討厭跑步，但你知道我在這過程中做了些什麼嗎？我不只認識了能跑超馬的人，還變成了這樣的人。在那之後，我的人生變得更好了。一旦選擇向尊重或重視的人公開承諾，你便不會選擇放棄。

專注單一使命，也能達成多項目標

前同事（也是好朋友）約翰．伊斯雷爾的故事，能更幫助我們了解，專注於單一使命如何能完成多項重要目標。約翰是位「謝謝先生」，他的使命就是用一張感謝卡，讓地球上的感恩度提升一％。他投身這項使命的第一年，每天手寫五張謝卡給不同的五個人，每個人每年最多收到三次。

很有趣的使命，對嗎？

約翰實現人生其他目標的方式也很有趣，而且全都是透過「感恩」這項使命完成的：生了個孩子、搬到美國的另一邊、建立了一個志同道合的社團（由「奇蹟智者」爸爸組成）。透過這項使命，他的人際關係和社群快速擴展，在公司獲得的最佳業績竟高達四十四萬五千美元！約翰所做的，不過是手寫一千八百二十五張感謝卡，並一一寄出。

藉由給予這個世界更多感激，約翰也得到更多值得感恩的事物。他的所有目標都支持著使命，使命則支持他完成那一年絕大多數的計畫。

別忘了其他目標

前面我們討論過，要找出一項最重要的目標，並將它定為首要任務（使命），但這並不表示我們得放下其他的人生需求，只是意味著：將使命放在第一位，只要完成它，你就可以隨心所欲了。

如果你還記得的話，將最佳業績翻倍的那一年，也是我最完美的一年，其他目標幾乎都實現了。設定唯一使命，會強迫你按重要性安排時間，一次專注在一個目標上；比起先完成較簡單的事，這種方式不但更有效率，也更能帶來成果。事實上，如果你能專注於一件事，要達成多項目標反而更容易。

前面我們已經討論了目標背後的真正目的，以及如何選擇使命。接下來的兩個章節裡，將深入討論「兩項決定」。如果你想成為奇蹟智者，或想讓自己最大的目標從可能到很可能，進而成為必然，就必須做出兩項決定。如果承諾投入一項目標讓你感到害怕，或根本無法想像，也許你可以多讀幾次接下來的章節。

第七章

第一個決定：堅定的信念

—— 你必須相信，直到……

因為缺乏信念，人們才會害怕面對挑戰，
所以我相信自己。
——拳王阿里

你知道嗎：

- 著名繪本作家蘇斯博士出版第一本書前，曾遭二十六家出版社拒絕，但他後來出版了超過六十本暢銷書，全球售出六億餘冊。
- 貝比．魯斯曾遭三振出局一千三百三十次，但同時也擁有全壘打紀錄，而且是有史以來最偉大的棒球選手。
- 梵谷生前只賣出一幅畫作，還是朋友買的。但他還是不停畫畫，一生創作超過八百件作品，現在每一件都能賣出百萬美元天價。
- 多才多藝的作家、演員、製片和導演泰勒．派瑞在第一部戲失敗後，所有財產歸零（不過他當時也沒多少錢）。但泰勒並沒有被嚇倒，而是繼續前進，不斷改進劇本，並求再次演出；即使有時得住在車上。他花了六年時間，該作品最後大獲成功，他的事業也蓬勃發展，淨資產達數億美元之譜。
- 華特．迪士尼曾被一家報社開除，因為他「沒有好的想法」，但後來他打造了史上最有創意的一家公司。
- 貓王曾到大奧普里劇院（位於田納西州的一處鄉村音樂演出場地）面試，面試者說他應該繼續當個卡車司機，但貓王忽略了那項建議，成為一名搖滾巨星。

・麥可・喬登遭高中籃球隊除名後，加入了芝加哥公牛隊，成為籃球巨星。

有些故事以前聽過，有些則是直到我寫這本書時才知道，但這些故事都非常有趣。蘇斯博士不斷寫作、貝比・魯斯不斷揮棒、梵谷不斷畫畫、泰勒・派瑞不斷踏上舞臺、華特・迪士尼不斷想像、貓王不斷歌唱、麥可・喬登不斷投籃。但為什麼？他們為何持續不懈？他們之中有許多人在第一次嘗試後，得經過許多年才能獲得成功，有些人甚至因此陷入財務困境；而他們都在某些時刻面臨了任何人都無法避免的自我懷疑，為什麼還有辦法堅持？

或許，現在更好的問題是：他們在一次次遭遇失敗時，**如何**堅持下去？

我所能想到的唯一答案，也是他們堅持下去的真正原因，就是這些人都抱著堅定的信念。

就像你知道的，奇蹟公式包含兩項必須建立且長期維持的決定：堅定的信念和過人的努力。如果你選擇懷抱著它們前進，就能從根本上增加成功的可能性。這兩項決定無法保證你成功，也不能召喚出任何神奇的力量，好招來你想要的結果。但它們所能建立的成就卻更具體。

正如上述每位奇蹟智者，建立並保持信念才能促使你採取行動；採取的行動越多，成功的機率越高，而在過程中，你也會變得更有能力、更有效率。當你朝著自己的承諾前進，原本可能的事就會變得更加可能，並隨著時間推移，最終成為必然發生的事。這也就是奇蹟人生的開始。

我從這些故事中得到、同時也希望各位知道的是，成功不會從天而降，也沒有捷徑可走。持續前進的唯一方法，就是保持信念。如果這些人讓挫折蒙蔽了視野、動搖了意志，就不可能登上事業的巔峰；換句話說，在獲得成功前，是信念推動他們不斷努力。這些奇蹟智者維持信心的決定清晰、大膽且堅定。在這一章裡，我們將討論如何發展與培養堅定的信念，並付諸行動。

奔向信念

「信念」有點難以捉摸，一個人很難說自己「獲得」信念，因為在定義上，信念並不需要證明，所以它給人的感覺是無形的，也或許不那麼值得信任。當大家談論信念時，多半是因為發生了不好的事，因此人們會說：「相信這麼可怕的事情之所以發生，是有原因的。」或「相信事情會好轉。」我猜這種信念能讓你暫時感覺好一些……至少有時候可以。

但我說的「信念」不是指這個，而是指克服任何逆境，並創造具體、可測量奇蹟的能力，是在個人能力範圍以內的。即使這樣說，你應該還是覺得信念是無形的（且不值得信任），因為要擁有信念，就必須跳脫天性中的「懷疑」。

沒錯，「堅定信念」並非人的本性，不是與生俱來的，不是天生的，更不是一種感覺。相反的，它必須有意識做出決定，並經過長時間的主動培養和維護。任何具體的、可測量的奇蹟都始於個人信念，也就是相信自己真的有可能製造奇蹟。維持這般信念，並付出過人的努力，直到奇蹟成真——無論要花多久時間。決心保持堅定信念的好處之一，是它能讓你克服所有消極的自我對話，並獲得多數人從未經歷過的心態。

要知道的是，堅定的信念是所有奇蹟智者做出的第一項決定，而且會堅持一輩子。有意識並重複做出這項決定，成為他們看待所有挑戰和機會的基本心態。在描述任何頂尖成就者的心理狀態時，人們多半會用其他詞彙來描述，像是過人的信心、非凡的自信、無懈可擊的意志……無論你怎麼稱呼它，每位奇蹟智者都必然擁有這種心態。

那一年，差點「又」死掉的我

我完全不知道人生為何要再次受到考驗，但我也知道自己永遠有能力選擇要用什麼態度面對——即便周遭的世界土崩瓦解，我們還是能真誠地感到快樂、感激、樂觀。藉由做出選擇，我們保持清醒，並讓這個世界回復正常。

我最近一次使用奇蹟公式的經驗，無疑是最困難，也最有回報的一次，它真的救了我一命。二〇一六年十月，一個尋常的夜晚，我在半夜裡醒來，粗喘著氣。我努力呼吸的喘息聲吵醒了妻子。

「你還好嗎？怎麼了？」她問。

「我不知道。」我還是很喘，「我呼吸困難。」她馬上幫我墊了幾顆靠枕，讓我舒服了些，好讓我能再睡一下，可惜最後我只能坐直身體打盹。我們說好，隔天一早就開車到當地的急救護理中心。隔天，我走進急救護理中心，希望醫師能找出問題所在。醫師診斷是肺炎，開了一劑亞藥索黴素（抗生素的一種），希望能有幫助。

但沒有。

接下來幾個禮拜，情況越來越糟，我每兩天就得到急診室報到，好排出左肺的積水，因為它一直塌陷。每次治療都非常痛苦，要用一根很粗的針扎進我的背部（肺部後方），好讓多餘的液體引流出來。我的肺積水很嚴重，在那段期間共抽出十一公升的液體。但這麼做仍無法帶來多少解脫，每次抽出液體後，又會再度積水，我每晚都因呼吸困難而無法入睡。醫院把我從這位專家轉給那位專家，想找出肺部塌陷的原因到底是什麼，卻沒人有任何答案。直到遇見伯克利醫師。

伯克利醫師為我做了各種檢驗和掃描，我也都忍下來了。隔天，護理師打電話給我，語氣中帶著急迫，說伯克利醫師想盡快見到我，好告知結果。

終於啊！看起來有可能得到一些答案，於是我驅車前往醫院。坐在伯克利醫師的辦公室裡等候時，我有種如釋重負的感覺，因為我很快就會知道自己到底出了什麼毛病？為什麼這兩週來一直無法正常呼吸？伯克利醫師走進來，坐在我對面，開始翻看起我的報告。他從檢查結果歸結出初步診斷：「哈爾，看起來是某種癌症。」

癌症？不，不對，不會是我。

幾年前，我曾看過一部癌症治療的紀錄片，後來又讀了許多健康書，因此過去六年來，我自認一直過著「防癌」生活，甚至已經吃了十幾年以有機植物為主的飲食，搭配少量草飼、不含激素的高品質肉類；還定期運動、每日靜心。我保持真心的愉悅，積極將壓力維持在最少狀態；我不太喝酒，只有偶爾喝點啤酒。妻子烏蘇拉和我甚至把家裡所有的有毒化學物質都搬走了，櫃子裡只剩超天然、不含化學物質的洗髮精、牙膏、除臭劑和清潔劑。我們可說是現代的嬉皮。

因此我到附近的醫院尋求第二意見，又去休士頓德州大學安德森癌症中心尋求第三意見。在那裡，醫師馬上發現我除了左肺塌陷，兩顆腎臟和心臟也在衰竭邊緣。雖然我去那裡只是為了確定自己是否得了癌症，但很快便發現自己已經躺在輪床上，由護理師將我推到急診室，並從身上抽出另一袋液體，只是這次是從心臟附近抽出來的。那些液體在心臟周圍築起一道零點三公分厚的水牆，急診室醫師通知我，如果再有下一個零點三公分，我的心臟就會停止跳動，他們就得幫我動開心手術。

我才不信，而且嚇壞了。沒想到屋漏偏逢連夜雨。

醫師解釋，為了抽出積水，外科醫師必須將一根粗針扎入胸腔，戳進離心臟僅零點三公分的液囊（心包膜）裡。他們保證會盡全力不刺到心臟。過程中，我必須保持完全清醒，還要在手術前簽署同意書，上面聲明如果不小心把針戳進心臟而導致心跳停止，我們將放棄對醫院提起訴訟。我吻了吻啜泣的妻子，擁抱父親，接著有兩名穿著綠色手術服的男子將我推進手術室。手術室有幾扇玻璃窗，我的家人可以從窗戶看到手術過程。

十五分鐘後，一切完成，沒戳到心臟，也不必動開心手術。然而，接下來將占據我未來一年的折磨才剛要開始。我們還是得找出導致器官衰竭的原因。我不懂，自己怎麼會在幾天內從一個健康寶寶，變得瀕臨死亡？

安德森癌症中心的專家很快診斷出，我罹患了非常罕見且極具侵略性的癌症「急性淋巴性白血病」，簡稱「ALL」。ALL不但罕見，而且極具侵略性，進展得很快，所以之前去的那兩家醫院都沒有能確認這項診斷的設備，而許多患者也常遭到誤診（就像我在急救護理中心那樣）；甚至有些病患確診的時候，已經回天乏術了。而即使診斷正確，預後仍極不明朗，成年患者的存活率更只有二到三成；如果是悲觀一點的人，很有可能會說有七到八成的機率「會死」。我最恐懼的夢魘之一現在成真了：我的妻子將失去丈夫，我的孩子將失去父親。事情並不樂觀。

安德森癌症中心的進一步檢測顯示，我的病還包含一種罕見的基因突變——NUP1。ALL再加上基因突變的病例更是少之又少，而且沒有存活的例子。因此，二到三成的存活率成了我最大的希望，但一位醫師說，我的存活率大概不到一成。我上網搜尋「ALL＋NUP1突變」，直到第四頁才看見符合條件的結果。據我所知，地球上沒有任何一位醫師曾成功治癒我這種病。

我愛妻子，也愛兩個孩子，我還得帶領一個全球性的社群。與過去任何時候相比，我現在失去的太多了。目前為止，癌症是我遇過最可怕、最具潛在破壞性的對手，讓我根本找不到明確的康復之路。

到底該怎麼做才好？

我有意識做出的第一個選擇，是接受自己罹患癌症，以獲得情緒無敵。沒有抗拒，不去祈求自己從未患有此病，因為這只是妄想，沒有意義，也只會讓情緒痛苦揮之不去。我不再抗拒現實，不再希望事情有所不同，而是有意識地選擇無條件接受它，這讓我能平靜面對診斷，並為自己創造空間，好讓想法和精力都能專注於我想要（而非害怕）的結果。可以說，癌症是我的新「輪椅」。正如我在發生車禍後所做的，我決定在對抗癌症、面對不明未來時，盡可能當個最快樂、最感恩的人。

以信念取代恐懼

思考自己的病時，我很清楚不能再將時間花在死亡的統計數字上，那只會引發壓力反應，對復原一點幫助都沒有。在治療的旅程上，我決定不給恐懼留位置。罹癌不可能令人愉快，但我也不會讓恐懼成為殺人幫凶，因此我會做些什麼來提高自己的生存機率，讓存活從可能變成很有可能，再變成必然之事。

我馬上想起了奇蹟公式。我從無數經驗中了解到它能克服困難、創造非凡的成果。當醫師說我再也不能走路時，它讓我邁出了第一步；在我努力想打破銷售紀錄時，它也拉了我一把；我教導過的所有人都證明了它有效且可靠，歷史上許多擁有高成就的人也都遵循著這道公式。於是，我所做的第一件事，便是喚起自己堅定的信念，好消除恐懼。

現在，我不再有極端的想法，不再只是坐以待斃，消極地相信自己能成為戰勝疾病、活下來的那三成患者。為了將三成轉變成十成，我承認自己恐懼，並有意識地選擇保持堅定的信念：無論如何，我都會健康長壽地活著，沒有其他選擇。我也承諾自己，要付出過人的努力，竭盡所能地活下去。

我以堅定的信念專注面對眼前的可能性，了解到其中不是只有死亡；也決定不再受統計數字限制，因為我不只要打敗疾病，還決定要活到一百歲。我開始想像和家人一起慶祝自己第一百個生日的情景：現在才讀一年級的女兒，到時候就七十歲了；而還在念幼兒園的兒子也六十七歲了。在我心裡，根本**沒有其他選擇**。不過，找出達到目標的路徑並沒那麼簡單。

＊＊＊＊＊

其中一項重大挑戰，是決定是否接受醫師推薦的療法：Hyper-CVAD②。首先，我是個盡可能追求自然的人，像這樣將化療藥物放進身體，好在癌症殺死我之前，先讓這劇毒殺了癌細胞的想法，幾乎違背了我賴以生存、與健康相關的所有理念。

第二，Hyper-CVAD是目前最強效的化療處方之一。雖然所使用的藥物和療程各不相同，但許多患者每個月都要到醫院或診所一到兩次，每次一到兩小時。光是這種頻率的治療，就已讓許多人深受副作用所苦。

另一方面，Hyper-CVAD處方裡包括四到五種化療藥物，並以兩種組合交替給藥，每個週期約四到五天，總共要花費超過六百五十個小時。化療藥物的毒性很強，很可能會造成靜脈的永久損傷，而且要透過「周邊置入中心靜脈導管」——將一根管子從手臂插進我的靜脈，好將藥物打進較耐用的血管裡。Hyper-CVAD化療必須以較低的劑量進行，以盡量減少副作用；此外，使用不同藥物，還可能產生危及性命的嚴重副作用和併發症，因此需要在醫院裡接受仔細觀察。

大家可以想像一下，當我得知其中一項藥物的危險副作用之一是白血病時，我有多絕望。什麼？將注射到靜脈、用來治療急性淋巴性白血病的「藥物」竟然會導致白血病？

治療目標是盡可能在短時間內完成多次（或必要）治療，好在癌細胞害我喪命之前殺死它。醫師告訴我，下一個週期開始的時間，將取決於我上一週期恢復的情況；換句話說，化療對我身體的傷害程度，將決定我多快又得再承受一次。

所有化療都會對身體造成嚴重破壞，尤以這種為甚。使用既能殺你又能救你的藥物為處方，是種瘋狂的想法：人們希望這種治療能先殺死癌細胞，而病人的身體又夠強壯，能在癌症殺死他／她之前撐過這段日子。

這個決定對我來說非常具有挑戰性。這種療法本身就會帶來生命危險，我說不定會死於這項本該救我性命的治療；最重要的是，我堅決不肯把任何有毒的東西放入體內，因為這完全違背了自己的生活方式。我不禁思考：一定有更好的方法。

安德森癌症中心的醫學博士，也是世界頂尖白血病專家埃利亞斯·賈布爾醫師是我的主治醫師。第一次在他的辦公室見面時，我坐在妻子身邊，既失落又害怕。我們手牽著手，展現出內心擔憂，並詢問賈布爾醫師是否支持我使用自然方式治療癌症。

他的回答讓我措手不及。他說，雖然能理解我想用自然方式治療癌症，但ALL沒有能選擇這種療法的餘地。賈布爾醫師進一步解釋，我體內的腫瘤生長迅速，並指出我明明前一週還很健康，但現在肺臟、心臟和腎臟都在衰竭邊緣。他敢斷言，如果不能盡快進行化療，我將在幾天內死去，最多只能撐一個禮拜。妻子緊緊握住我的手，失聲痛哭，力氣大到讓我縮手。

腫瘤醫師的答案很明顯不討人喜歡，而我也質疑他的動機。我才剛認識這個人，根本不了解他。我心裡冒出懷疑，想知道這是不是恐嚇戰術。我問賈布爾醫師，能不能給我們二十四小時討論，儘管他很不情願，但還是同意了。

那一晚，妻子和我上網搜尋，想找到更清晰的訊息。我拚命尋找證據，證明可以用更全觀的方式來解決這個問題，但什麼都沒找到。事實上，我們讀到的資料都只是證實賈布爾醫師所言不假。如果我沒有馬上開始化療，存活率會低到嚇人；但即使我開始了，存活率也只在一成到三成之間。

隔天醒來，我做了最後的努力，打電話給全世界最好的全觀癌症醫師，他剛好就在休士頓，也曾治癒上千名癌症患者。我滿懷希望。

當我在電話中說明自己患有ALL和NUP1突變時，接電話的護理師要我稍等一下，好將診斷結果轉告醫師。一分鐘過後，當她再拿起電話時，她向我道歉：醫師沒有治療那種特殊癌症的經驗，也沒辦法幫我。

連全世界最好的全觀癌症醫師都無法幫助我，而我所讀到的一切也都指出，如果我不開始進行化療，癌症就會在幾天內殺死我；問題是，Hyper-CVAD的副作用可能會導致白血病。我該怎麼做？完全找不到明確的答案。躺在離孩子兩百七十公里的飯店房間裡，妻子和我做出困難的決定：我要開始進行Hyper-CVAD治療。我打了通電話給賈布爾醫師，一小時後，我已坐在病床上，靜脈導管也裝好了。

我開始祈禱無數次，一開始是出自真正的好奇：**上帝，我已經死過一次，這件事爲什麼還會找上我？我還能從另一場大災難裡學到什麼？**

我很快就會發現，其實還有很多。

堅定的信念為過人的努力帶來能量

接下來的十二個月裡，我住在三個地方：除了安德森癌症中心醫院，我也在醫院附近租了一間公寓，每次療程結束後，就在那裡休養；偶爾還會回家與家人團聚。說到家人，照顧我的都是家人。我父親是一位成功的管理者，但他將工作放下，搬來和我一起生活，並成為我的主要照顧者。他帶我就診、在我接受化療時陪伴在一旁，而且只要一發燒，就趕緊把我送到急診室（化療期間的感染可能會致命，因為免疫系統受到嚴重損害）。母親和姊姊多次跨過大半個國家，陪我住院或幫忙照顧孩子，好讓妻子能來陪我。在醫院進進出出時，妻子烏蘇拉——我的磐石——肩負起最困難的工作。她開車到休士頓陪我治療，再回到位於奥斯汀的家裡，努力為孩子營造「一切正常」的感覺，而兩地相隔兩百七十多公里。事實上，所有變化不過在一夜之間。我前一秒還在家裡跟她一起撫養孩子，下一秒她卻變成了「偽單親」媽媽，還得承受失去我的壓力和恐懼。我無法用言語表達自己對家人的感激，尤其是對妻子。

至於在這麼艱困的時期裡，還能讓我保持理智的，就是維持堅定信念的決定。對許多人來說，如果得到像我一樣的病、所有統計數據都對自己不利時，第一個拋棄的很可能就是信念。不管面對的統計數字或概率如何，我們都必須有意識地保持堅定信念，做出並堅持這項決定，好讓你脫離那些數字的影響，成為可以一直對抗機率的少數人。和許多人的看法相反，保持信念不等於盲目追隨他人的理念和教導；而是相信自己並做出承諾，為了獲得理想的結果全力以赴。

同時，我也在此時開始使用全觀方法。除了接受安德森癌症中心最先進的醫療照護，我也著手尋找最有效與可靠的全觀治療，好為身體解毒（化療的毒）、強化免疫系統，創造讓癌細胞無法蔓延的環境。我所做的研究，加上因此而生的全觀實踐，便是我的過人努力。

堅定信念的實踐

我在構思這本書時，曾在臉書粉絲團發文，詢問是否有人能分享奇蹟公式的故事。我收到許多鼓舞人心的回應，其中最喜歡的就是以下這一則，因為它和我自己的抗癌旅程有許多相似性，正好證明了這道公式的確適用於所有人。

瑞秋．哈里斯第一次知道奇蹟公式，是在自己確診罹癌的時候。那年她三十八歲，腸癌已擴散到肝臟和淋巴，醫師告訴她，她的情況已無法動手術，只能接受安寧醫療。身為育有兩名幼子的母親，她拒絕接受這項宣告，並下定決心要將奇蹟公式應用在自己的人生中。根據瑞秋的說法，「我們的生活和呼吸都是這道公式」。

奇蹟出現了。儘管預後非常不樂觀，但她的腫瘤在化療後縮小了，小到可以手術的程度。瑞秋仍堅持信念，認為自己會過著快樂長壽的人生，同時也付出過人的努力，大大改變飲食習慣、服用大量營養補充品、每天早上靜心以保持健康，並盡可能研究如何治癒身體。她也說：「奇蹟公式為我的抗癌之旅定了調，我總是遵循公式生活，而且它很可能救了我的命！」

在經歷此生最艱難、痛苦且撕心裂肺的一年——包括超過六百五十小時的化療，以及許多個在急診室求生的夜晚——我滿懷感激地告訴各位，我的癌症「緩解了」，醫師無法在我體內找出任何癌細胞。沒錯，我不得不忍受一些痛苦的副作用，也恐懼死亡、害怕拋下妻子；更多時候還會懷疑自己，也想過放棄……但我相信自己比大多數人更能處理這種情況，因為這一路上，我始終積極地保持堅定的信念，即使在治療最不樂觀的時刻，即使連醫師也對我的積極樂觀感到有些震驚。

最重要的是，我活下來了。現在我能實踐自己的承諾，和家人過著長壽、健康的生活。

如何找到堅定信念？

我所具備的優勢是，因為過去曾多次使用這道公式，也看過其他人使用它，所以我很清楚它是如何運作的——更重要的是，它真的有用。讓我有辦法堅持下去，也能利用自己堅定的信念。如果你還做不到，別擔心，你還能從許多面向借用它的力量。

麗絲特．拉特摩的視力自十四歲起開始退化，但她保持堅定的信念，認為上帝會治癒她的雙眼，讓她恢復視力。帶著這項信念，麗絲特付出過人的努力，飛過半個地球，從肯亞的家到美國的診所進行第一次手術。麗絲特的努力之所以過人，有部分是因為她沒有其他選擇；因為在肯亞的文化裡，取走其他人身體的一部分是禁忌，而她的手術涉及眼角膜移植。麗絲特找到的是對上帝和宗教的信仰，如果你能在宗教或靈性中獲得安慰，就可以利用這些資源幫助你保持堅定的信念。

宗教和靈性是堅定信念的外部來源之一，教練或導師也是其中一種。就像電影《駭客任務》裡的莫菲斯，不斷對尼歐說「你就是『救世主』」，直到尼歐也相信自己的確是，潛能才得以充分發揮。你也一樣，當你相信自己是那個人（和地球上其他人一樣值得擁有、有價值、有能力）的時候，你也能完全發揮自己無限的潛力。

在我擁有對自己的信念前，我從公司主管傑斯．利文（教我「五分鐘規則」的那位）那裡借來力量。傑斯相信我有打破公司各項銷售紀錄的能力，從我們認識第一天起，他便相信我能完成以前從未完成的事。

一開始聽到他說那些話當然很開心，但我不相信他是對的：不安與自我懷疑讓我無法相信自己有無限潛能，內心深處也很害怕失敗。然而傑斯對我的堅定信念，讓我漸漸認為他說的有可能是真的，或許**我真的有能力完成自己想做的任何事**。最後，我將傑斯的信念內化成自己的，不但得到了自己內在的力量，也得以創造非凡的生活。有時候我們必須借用別人的信任，直到恢復自信為止。

如果你擔心自己沒有現成的導師，請放心，因為也可以從陌生人身上借用堅定的信念——我指的是你曾遠距離研究過或看過其事蹟的人，也許是位贏得多次世界冠軍的運動員，例如奧運金牌得主「飛魚」麥可．菲爾普斯，或是企業的首席執行長、白手起家的百萬富翁，他們可能都達到了你想達成的目標。你也可以讀他們的書、追蹤他們的社群帳號，或是聽他們的媒體訪談，以研究他們的心態、捕捉他們思考的方式：

「這一刻我已經想像過上千次了。」

「我毫不懷疑我們會贏。」

「我非常努力工作，不可能不成為最好的。」

如此一來，你就能知道，在幕後或沒有人看到的時候，這些奇蹟智者如何培養出堅定的信念。這種心態讓他們不只能得勝，也總是願意採取下一步行動，因為他們相信自己會成功；就算失敗了，信念也不會動搖，因為他們相信下一次就會成功。他們從不迴避機會，而是朝著目標跑去。

我永遠不會忘記印第安那溜馬隊的雷吉．米勒對上紐約尼克隊時，那令人敬畏的大逆襲。在一九九五年的NBA東區準決賽中，雷吉．米勒運用奇蹟公式在九秒內獲得了看似不可能的八分——不只看似不可能，是真的不可能。過去從來沒有球員完成過這般壯舉，以後也不會有。他保持堅定信念、付出過人努力直到最後一刻堪稱典範，他相信自己能戰勝困難，也真的做到了。

堅定的信念將釋放隱藏在內心的潛力，開啟曾遙不可及的全新可能。

如果你很難找到抱有堅定信念的人，可以考慮向某些書的作者借用（當然，你可以從這一本開始）。我認為自己過去所讀每本書的作者都是我的導師，即使我們未曾謀面，還是能向他們學習。

你還能求助於一項普世的真理：假如有人完成了你想做的事，他們的成就便證明了你也有可能。如果各行各業的頂尖人士都是這樣有意識地選擇抱持堅定信念，那麼你也可以做出同樣有意識的選擇。就從現在開始。

維持堅定信念的工具

做出決定是一回事，但維持堅定信念是另一回事，說來容易做來難。即使是微小的障礙，也有可能讓你偏離軌道；就算不必面對生死關頭，你仍會覺得希望正在溜走。我們都會懷疑自己，遇到障礙時，這種感覺更是強烈。就我而言，每次化療帶來的不適都會讓我覺得虛弱，也會讓人想放棄，但我沒有。

我一直透過「奇蹟咒語」讓自己專注在對目標和自我的堅定信念。你或許還記得第二章說過的：「我承諾自己要在強銷期拿到兩萬美元業績，並且決定付出過人的努力，直到成功，無論發生什麼事，沒有其他選擇！」當我脫離軌道、想要放棄的時候，這段話讓我繼續前進。它對你也同樣有用。你的奇蹟咒語會是一句話，概括了對使命的承諾，以提醒你時刻保持堅定信念，並付出過人的努力，好讓奇蹟成為現實。

接受化療時，我不斷重複的奇蹟咒語是這樣的：「**我承諾保持堅定的信念，我將戰勝癌症，與家人一起健康長壽，並將付出過人的努力直到最後，無論發生什麼事，沒有其他選擇。**」藉由不斷重複語句增強內在的決心，好繼續戰鬥，繼續付出過人的努力，尤其是想放棄的時候。

你可以用下面的例句照樣造句，創造自己的奇蹟咒語：**我承諾保持堅定的信念，我將〔填入你的使命〕，並將付出過人的努力直到最後，無論發生什麼事，沒有其他選擇。**

花些時間寫下你的第一條奇蹟咒語。

奇蹟咒語是你的導航系統，你的北極星，你的警鐘，能讓你專注於承諾，並克服自我懷疑的噪音，大聲說出內心的忠誠。它能讓你將使命放在首位，並持續提醒：無論發生什麼事，自己都會全力以赴，沒有其他選擇。

現在你已經知道如何建立並維持奇蹟智者的心態，下一章將探討奇蹟公式的第二部分：過人的努力。我們將探索如何從相信奇蹟有可能發生，進而將奇蹟變為具體的事實。

②Hyper-CVAD：CVAD是四項藥物的縮寫：環磷酸醯胺（cyclophosphamide）、長春新鹼（vincristine）、阿德力黴素（adriamycin）和迪皮質醇（dexamethasone），Hyper-CVAD處方除了這四項藥物，還會合併使用其他抗癌藥物。

第八章

第二個決定：過人的努力

——它沒有你想像的那麼不凡

所有人類的事物都要付出努力才有成果，
而努力的強度決定了成果。
——詹姆斯·艾倫（作家，英國新時代運動思潮先驅）

我不知道你是怎樣的人，但我一直認為自己非常懶惰。小時候，努力工作的想法並不吸引我，還會避開任何需要「努力工作」的事。

我還清楚記得，假日的那些家族聚會結束後，大家會一起動手清理我們共同創造的「爛攤子」，這時我就會消失、躲在房間裡，直到其他人把現場整理好。就算只是需要付出普通努力的事，我也會溜得無影無蹤。

不管是學校作業、家務，還是求學時期打過的幾份工，我都有個習慣，就是付出最少的努力，只要能避免承受任何重大的負面後果就好，像是禁足或解雇之類的。懶惰成為我認同中根深柢固的一部分。

隨著年齡增長，為了能相對容易地完成必須的工作，我會尋找訣竅和捷徑，如此一來，就不會覺得它很辛苦；或是把工作弄成像遊戲一樣，或是同時做好幾項工作以分散注意力，或是把工作丟給姊姊。有時候，我會拿出毅力，處理較大的計畫，但我永遠無法讓短暫的衝勁持續下去，無法成為有紀律的人。這便是我最大的挑戰：我不知道如何視自己為比過去更好的人。

即使我為了打破銷售紀錄一週工作六十小時（十九歲）、每天早上三點半起床寫書（二十八歲），或是為了進行自己第一場（也是唯一一場）超馬訓練，每週跑三十幾公里（三十歲），我扭曲的自我形象仍是那個懶惰鬼，設法欺騙自己，只在短暫的時間內努力工作。不管我做了什麼，仍認為自己一直都是那個從小懶惰到大的孩子；在短暫的努力後，我又會落入從前的模式，付出最少的努力，只要能避免任何負面後果就好，就跟我小時候一樣。

我唯一堅持的，就是不堅持。

但令人驚訝的是，不論是過去或現在，這些捷徑和自欺欺人都擁有很高的價值——因為我發現，即使是個懶惰鬼，我還是能讓自己取得不錯的成就，獲得以前覺得不可能（至少對我來說）的成功。隨著時間推移，我越來越能讓自己努力工作，儘管時間很短，但我對自己的觀感越來越從一個懶惰的人，變成一個自律的人。我的認同緩慢但明確地逐漸改善中，成就和毅力也是。

一個自稱懶惰的人，如何變得自律、勤奮，且能不斷付出過人的努力並創造奇蹟？

在這一章，我將簡化「事事都付出過人努力」的涵義，讓它感覺沒那麼……過人；同時告訴你，即使在不情願的情況下，也能讓自己有毅力採取行動的方法。如此一來，你就能實踐奇蹟公式，在生活的各個領域體驗奇蹟。

讓過人的努力不過人

正如之前討論過的，過人的努力是實踐「奇蹟公式」時必須做出的第二項決定。一旦你相信奇蹟不只有可能發生，還有可能發生在自己身上，就必須採取必要的行動，好讓成功變成必然。創造奇蹟需要積極的參與和持續的努力。你必須願意付出時間和心力，以創造有意義的結果，而這也會改變你對自己的看法。但是在你闔上這本書之前，我得先解釋一下：付出過人的努力不表示你得拚命工作、甘冒過勞的風險。事實恰恰相反。

過人的努力包含三項成分：

一、讓你離理想結果更近的行動
二、最有可能讓你脫離舒適圈的行動
三、長時間的持續努力（無論結果如何）

看來並沒那麼可怕，對吧？接下來，我們分別看看這三項成分。

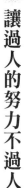

讓你離理想結果更近的行動

這可以確保你不會將時間浪費在那些只能產生短期效益或影響力很小的活動。這些活動徒然讓你忙碌，反而沒辦法專注於真正重要的事。你必須集中注意力，讓行動更有效率。你所採取的行動應該能讓自己充滿活力，而非疲憊不堪；它們也應該是可測量且有意義的。接下來我會做更詳細的說明。

最有可能讓你脫離舒適圈的行動

這是人之所以能成長的原因。假設行為一直沒有改變，你便永遠不可能成為奇蹟智者。離開舒適圈總是讓人感到不安，但隨著時間過去，它會成為你新的行為準則、新的生產力和努力的新目標。

長時間的持續努力

無論結果如何，長時間的持續努力是結合這些成分的黏著劑。如果你只走個幾步就放棄，終將一事無成。你必須長期保持承諾，才能走完全程。另一方面，堅持也能讓事情變得更容易。還記得自己為何要離開舒適圈嗎？只要適應個幾星期，就不會覺得那麼不舒服了。事實上，一旦擴大自己的舒適圈，就等同於擴大了自己的可能性。

＊＊＊＊＊

《紐約時報》暢銷作家大衛．奧斯本經常提及一個觀念：致富只是一種選擇。如果你選擇研究富人，接受他們的心態（信念），並在一段長時間內模仿他們的行為（努力），你也會得到相似的結果。當然，你可以將「變有錢」換成任何對你更重要的結果（例如快樂、健康、當個好爸媽）。

我認真相信這對多數人來說都是可行的，但為什麼無法人人都富有？因為創造過人的財富需要過人的努力，而且堅持做自己已經在做的事，遠比做其他事情更容易。不管你是否認為自己勤奮自律，大部分的人還是寧願用最少的努力換取盡可能好的結果。沒關係，只要你知道哪些努力一定能產生你想要的結果就行。

接下來，我們來分析一下，你該如何規畫，才能確保獲得自己想要的結果，並讓過人的努力變得平凡。

第一步：事先規畫流程

在確定你唯一的使命後，最重要的目標就是培養自己，讓自己變得更有能力，並決定保持堅定信念。達成這項目標後，接下來要做的就是規畫流程，也就是要透過哪些步驟讓它實現。任何想實現的目標或結果，都是藉著流程引導和創造的，而它也是產生預期結果所必須的具體行動；至於所獲得的這些結果，最終將為我們創造自己想要的生活。

你每天要優先完成的任務有哪些？如果不確定，可以先做些研究，例如上網搜尋相關資訊，看看想達成期待中的目標，需要哪些步驟；或是到書店尋找該類別的暢銷書，又或是向導師／另一名奇蹟智者求援。你可以將流程的第一步定為「研究並指明應具備的步驟」。

我決定要挑戰二十萬美元業績後所做的第一件事，就是打給已達成該目標的同事。我列了一張問題清單，內容是關於想達成此目標，在精神和情緒方面要注意的問題，以及他們為了實現目標，每天和每週所做的事。我想了解他們達到那般成就的過程。

和他們一一談過後，我知道他們的共同點就是「毅力」。他們沒做什麼特別的事，也沒有什麼特殊天分或銷售技巧，只是很單純地努力撥打預定數量的電話、安排預定數量的簡報，好達到銷售目標。所有業務都那麼做，但是讓高成就者與眾不同的是，他們**堅持**每天撥打預定數量的電話，**堅持**每週進行預定數量的簡報，從不偷懶。

我的工作方式是衝刺到一個階段、賺到足夠的錢之後，便休息一段時間，享受勤勞的果實。那些人卻堅持到底，每天依預定程序確實執行，不管發生什麼事。「**不成功者偶爾做的事，是成功者的習慣**」這句話突然變得很有意義。

在我發現他們並不那麼迷人的成功祕訣後，剩下的就是跟隨這些人的腳步。我計算著如果要達到業績目標，必須安排多少場簡報，並將那個數字換算成需要撥打的電話，好事先安排流程。為了能在一年賣出二十萬美元以上的商品，我每週至少需要打兩百通電話（一天四十通，每週五天），如此一來，每週便能安排十四場會談，大約可以成就十筆交易，賺得四千美元業績。

一天打四十通電話感覺沒什麼了不起，我曾好幾次達到這個紀錄，只是很難持續而已。事實上，在業績超越十萬美元門檻的那兩年，我平均一天只打了二十通電話。不意外。這數字沒什麼複雜的：電話加倍，業績加倍，收入也跟著加倍。對我來說，打四十通電話大約要花兩小時，而剩下要做的，就是出現在安排好的簡報地點。突然間，那個讓我害怕的、公司五十多年來只有少數人達成的目標，似乎變得非常容易。這就是事先安排流程，並讓過人努力變得平凡的力量。我們的首要目標往往又巨大又可怕，但從過程來看，卻往往不是這樣。以下再舉一些例子：

- 想要減掉多餘的體重，就必須經歷一些過程。你必須運動、控制攝取的熱量（或許還要弄清楚什麼食物對身體最有益處、什麼時候吃最有用）。
- 如果你想獲得財務自由，唯一的辦法就只有賺很多錢、存很多錢，金額得遠高於你的帳單。
- 如果你想跑完全程馬拉松，就必須先接受訓練，一般來說，每天或每週都需要跑特定的距離。
- 如果你想出書，就必須持續寫作。為了完成這本書，無論我想不想寫，每天都會努力寫一千字（相信我，我並不是每天都想寫）。

如你所見，流程不一定是複雜的計畫，越簡單反而越好。你只要決定：什麼樣的流程能讓自己走在達成使命的軌道上，並致力於此，然後將它放進行事曆。就這樣，不多不少。只要完成當天的預定任務，它們就能讓你的使命朝必然實現再向前一步，你也能更自由地在其他目標上取得進展。

想要事先安排實踐流程，只要問問自己：持續進行哪些活動，能讓成功變成必然？

第二步：別把情緒和狀況綁在一起

關於使命的實踐，一定會有比較不順利的時候，可能是幾天，甚至是幾週。然而就算知道「壞日子無法避免」，也不表示更容易接受它們。身為情感的生物，我們的情緒會因事態而產生（情緒依附），但這只會對保持承諾的能力造成阻礙，使得我們無法繼續走在達標的路上。對大多數人來說，無法達成設定的目標時，會感到挫折、沮喪、精疲力竭。但我們不一定非得如此。只要致力於過程、不讓情緒依附在現實上，長期成果就會自然而然發生，你就更不需要在途中感到沮喪。

舉例來說，我有位朋友的目標是減重。他決定好完成這件事的過程，包括限制熱量攝取、以蔬果為主食，並且定期運動。有天他打電話給我：「哈爾，我正試著執行你的預定流程策略。過去三個禮拜，我每週運動四天，每次三十分鐘，但我完全沒瘦；事實上，我變得更重。我不知道為什麼，整個人都沒勁了。」我要他檢查一下體脂率，因為很可能是肌肉量變多了，這會抵銷減輕的體重。果然，事情真是這樣。三個月後，他的體脂率從二四％下降到一四％，這是因為他每天持之以恆地執行減重的流程。如果他在體重下降得不如預期時就放棄，就不會有今日的健康。

另一個例子是我在幾年前合作過的一位客戶。他除了負責管理一個可說是全美最頂尖的業務團隊，也是位曾獲得偉大成就的超級巨星。我們共事時，他的目標是帶領團隊實現該年一百三十萬美元的業績。讓我最印象深刻的一次是，他因為團隊業績大幅下滑來電諮詢。他的話題一直在年度業務計畫上打轉，尤其是他在年初所做的每週銷售預測。但不知道為什麼，儘管做了所有該做的事，部屬們仍無法達成預估的業績。

我對他說，他這種對團隊短期和每日結果產生情緒依附的情況，可能會影響計畫的執行，因為他無法**控制**部屬每天的成績——至少不能直接控制。沒錯，他可以**影響**部屬們所獲得的成果，但不能控制。因為他無法控制接聽業務來電的客戶數量，或他們接起電話後可能產生的情緒；無法控制誰願意接受業務安排的簡報，又或者會不會出現；無法控制誰會購買產品，誰又會幫忙推薦其他客戶……但他的情緒還是受這些所影響。

一旦他明白，自己只要確定業務們打了電話（他／他們唯一能控制的事），情況就會完全改變。當他決定不再讓這些短期結果影響自己情緒和動機後，就不再執著於團隊每天賣出多少東西或當週的業績目標是否達成；甚至在結果出現前，他已全然接受（各位應該還記得「無法改變」咒語）。他保持對大局的專注，相信只要持續執行預定好的流程（也就是確認部屬每天都能完成業務拜訪電話），結果自然就會出現。透過電話，我真的能感覺到他的壓力漸漸消失，因為他明白自己只要專注於過程就好。

再說些更私人的例子。我的上一本書出版時，除了一般的宣傳方式外，我幾乎沒有其他資源。我沒有平臺，沒有一長串的郵件清單，我也不認識其他做過這種事的人。所以我問問自己，推銷新書最好的方法會是什麼？和許多作者討論並上網搜尋後，我決定以接受播客訪問做為基本策略。我猜，會收聽播客的人，就是會在個人成長上投資的人；而且這也是非常划算的策略，因為接受播客訪問不用花錢，只花時間。

在那之後，我接受超過三百次播客訪問，自己也製作了兩百多集播客節目。這些訪問花了我十八個月時間，才讓銷量回到書剛出版一個月的數字。透過下頁的圖表，我們可以看到，無論短期結果如何，長時間堅持執行事先決定好的流程所能帶來的價值。在十八個月內，我投注於播客訪問的時間與精力，多半與銷量不成正比。圖中也能看到，二〇一二年十二月到二〇一四年六月這段期間，書的銷量很低，這代表我的努力在短期內並沒有成效。但如果我對短期結果產生情感依附，便永遠不可能成功。不過我相信，也知道這本書能改變人們的人生，所以我堅持下去，並專注於大局，最後得到了回報。目前為止，《上班前的關鍵1小時》已銷售一百多萬冊，其中一半在美國，另一半則分布在世界一百多個國家——這進一步證明，儘管實現重要目標所須的時間往往比我們預期的要長，但只要保持堅定的信念，並持續長時間付出過人的努力，便能創造奇蹟。

第三步：爲流程排定時間

我們都知道這種心情：買新的運動服，或針對自己想學習的主題買一堆相關書籍，卻看著它們原封不動被堆在房間角落裡。我們很忙、孩子生病、客戶又丟工作給我們，人生就是這樣。

為訂好的流程安排時間，有助於確保自己完全遵循。你必須積極主動地規畫自己的時間，否則一切都不會改變。

拿出你的行事曆，紙本或電子都好，在上面設定每天要完成的進度，特別是流程本身所需要的。如果想取得碩士學位，你可以承諾每學期要修

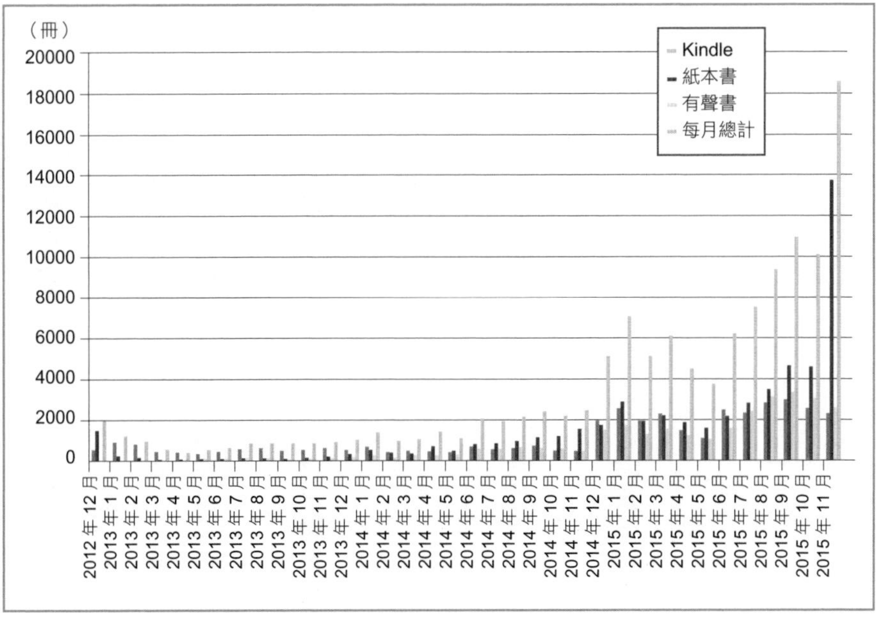

多少學分，但同時也要留時間念書寫作業。假設你使用電子行事曆（我強烈推薦），就把它訂為重複事件，剩下的就是實踐。若你想花更多時間陪孩子，就把時間記在行事曆上；如果你想為自己創造更多空閒時間，就做出規畫。最重要的是，別讓任何事干擾進度。把執行流程和達成使命所需要的時間放在首位，才能確保使命能從可能變為很可能，再變成我們所追求的：必然實現。

我知道自己好像管太多，但我發現，如果事情的重要性不足以讓你記入行事曆，它便很有可能不會發生；至少不會一直發生。

如果你覺得行程已經很滿了，實在沒辦法再安排事情，那麼請評估自己一整天的安排，看看哪些地方可以更有效率，或是換掉優先度較低的活動，改成更重要的任務，這都可以讓你達到想要的目標。你可以利用許多相對便宜的物流服務來幫你完成雜務（快遞或購物），或使用各種外送餐飲平臺。我常利用這些服務，好讓自己將時間花在最重要的事，也就是使命和其他目標上。也許你可以減少一小時的電視時間，好陪孩子玩；或者提早一小時起床，用來開創自己的新事業。只要你清楚自己該做什麼、什麼時候要做，並將它寫進你的行事曆，就會更容易抵達想前往的目的地。

第四步：用責任來確保成功

你比任何人都了解自己。那麼，你認為自己需要付出什麼代價，才能保持承諾？你是否自律到只要做出承諾，不管別人是否要你承擔責任，都會堅持到底？如果是，你自己就能完成這道奇蹟公式。問題是，許多人都會虎頭蛇尾。

事實上，要產生有意義的結果，必須花費很長的時間，堅持並不容易。如果很簡單就能做到的話，也就不需要這本書了。但自律並不常出現。假如我們都夠獨立，所有人便都能在任何時間實現任何目標。我知道第六章討論過這一點，但這裡值得再說一次：確保堅持到底的最佳方式，就是建立同儕督促制度，它會讓你對承諾保持忠誠，也能讓你不斷前進。

督促制是要求對某人、某事、某些行為或結果負責，它可能有不同的形式和規模。有些人在截止日期前的工作效率最高，有些人則是為了避免負面結果而工作，也有些人能在有獎勵的情況下做得又快又好。對你來說，最重要的是釐清什麼因素能激起自己的動力並付諸行動。有些時候，假設彼此督促的成效更好，那麼讓他人要求你負責，就會是關鍵所在。

請求別人協助你實現目標並不是軟弱，也不會影響效率，而是種聰明的做法。《財星》雜誌五百大企業的執行長身後，都有很強的督促力量，他／她必須負責的對象包括股東、員工、董事會，多半還有一名企業主管教練。想想看：在教練等著你的情況下，去健身房報到是不是更容易？和朋友一起跑步，是不是更容易跑完長距離？無論目標是什麼，你都可以找一位督促夥伴或導師，協助檢查進度，像是建立自己的督促團隊（讓自己承擔責任的最好方法，就是你也帶領其他人做一樣的事），或雇用一名教練來幫你。不過要記得，為了讓督促資源發揮最大的效用，督促者必須嚴格且堅定，也必須在乎你和你的成功。

第五步：評估成果，並依此調整流程

除了堅持執行決定好的流程，注意當下狀況也很重要。如果兩個月後體重還沒有變化，或許得重新評估飲食或運動計畫；如果未能達成業績目標，就需要多發掘潛在客戶或增加行銷活動；如果出書計畫至今沒有任何進度，就回頭檢視行事曆，看看能否更動寫作時間。

建議大家每週或每月檢查一次，看看是否需要根據目前為止的成果進行調整。盡可能讓流程清楚簡單，如此才有利於執行。如果遇到什麼阻礙，這些檢查便是調整的好時機。

你創造奇蹟了，然後呢？

記得，奇蹟公式不是讓你創造一次奇蹟後便故態復萌。我們要加入奇蹟智者的行列，他們能在生活各領域中一次又一次創造具體、可測量的奇蹟。越是獲得成功，就越有必要繼續提升和拓展目標，才有可能做到這一點。

吸取一路上學到的經驗並將之內化，用它們推動你完成下一項使命。正如先前提過的，我有項使命是花更多時間陪家人，當這樣的行為變成自動模式後，我又承諾另一項使命，就是以無癌狀態度過餘生；等這項使命也成為自動模式後，我又將注意力轉向寫書。你所承諾的每一項使命，都能進一步發展出讓自己成為奇蹟專家的能力。你將能創造任何奇蹟。

持續實踐，能讓小事變成大事

世界上我最喜歡的音樂人是傑若米・雷西格，也有人叫他「詹姆哥」。他是位獨一無二的天才音樂人，用歌曲為世界帶來很許多正能量，他的音樂也會讓人心情愉悅。事實上，據我所知，他是唯一一位能將積極的肯定和歡快的音樂結合在一起的音樂人，因此你所聽到的每一句歌詞，都能讓潛意識獲得更多的快樂和成功。

在音樂生涯之初，傑若米和一個放克樂團一起巡迴表演。他會演奏幾種樂器和饒舌表演，但也想唱合聲。不過樂團成員一次次拒絕他，因為他們說他的聲音不夠好。

二〇一三年，他在樂團工作四年後，決定學習如何唱歌，並成為一名詞曲創作者。他想實現成為樂團主唱的夢想，於是邀請一些人加入他的樂團，但這些人也認為他的聲音不夠有力。唉喲。

為了實現自己的夢想，他開始接受兩名聲樂老師的指導，幾乎每天都練習十五到三十分鐘，並堅信自己總有一天會實現目標。各位可以看到，他付出的過人努力只是每天練習十五到三十分鐘，感覺很普通，但不普通的是他的承諾和毅力維持了很長一段時間，直到二〇一四年三月第一次演出。二〇一五年，他終於舉辦首次售票演出，他的努力得到了回報。

如今，詹姆哥是一名鼓舞人心的音樂人，在全美各地巡迴。他繼續上歌唱課，仍然履行自己的承諾，每週用一天練唱十五到三十分鐘。用他的話來說，「小事做了一遍又一遍，就能成就大事」。他的承諾持續得到回報，歌聲從不夠好、有進步到優秀，其他人還經常拿他和著名歌手傑森．瑪耶茲相比。傑若米不斷進步，也有越來越多人聽到他的音樂。光是二〇一八年，詹姆哥就參加了一百五十多場不同類型的音樂活動。他是一個完美的例子，說明長時間實踐決定好的流程，能讓成功成為必然。

不想做那些明知該做的事？

客戶和讀者經常提出一個問題：「我如何激勵自己去做明知該做，卻不想做的事？」語氣中也經常帶著沮喪或無助。

從小我們就知道，做該做的事從來就不容易。明知道多吃蔬菜會讓我們更健康，也知道量入為出才算明智，更知道每天安排點時間放鬆休息可以降低壓力，但我們經常拖拖拉拉，甚至完全無視這些事情。如果想追求有意義的目標，我們就必須找到方法克服拖延的誘惑，因為光憑自己高興做事的話，能完成的還真的不多。

拖延變成一種生活方式。我們習慣性延後那些不舒服、未經證實或未知的事，但它們正是為了抵達目標必須進行的。那麼，我們該如何讓自己去做該做的事，即使在不想做的時候？

我們可以理解拖延的基本原因，並想辦法克服。我們可以找到各式各樣的理由，好解釋自己為什麼拖拖拉拉的，但原因其實只有一個：**我們把某種程度的痛苦、恐懼或不適與被拖延的事情連結起來**。就是這樣。

想克服拖延症，就必須明白，所有的痛苦、恐懼和不適都是想像出來的，一切都只存在自己腦中。一旦真的動手去做的時候，所有（自以為的）痛苦、恐懼或不舒服，都會變得無關緊要。當然，想到要做這種事就覺得很可怕，而且想得越多，就越是拖拉。但真的動手做？事實上，做一件你思考已久的事（知道自己必須做的事）是種解脫。它能讓你擺脫恐懼，而且幾乎不可能像你告訴自己的那樣痛苦。很快的，你以為的不舒適將慢慢地進入舒適區之中。

為了找到動力去做那些習慣性拖延的事，我們必須採取行動，必須踏出第一步，而那一步、那項行動，將產生讓你繼續前進所需要的動力。

但第一步得靠你自己。

如果你發現自己對於上健身房總是愛去不去的，那就打包好運動服，在預定的運動時間跳上車——別思考，出門就是了。只要邁出第一步，你就很有可能前往健身房（還付了好幾個月會費）。當你找到停車位、停好車子，也許就有動力拿起運動用品，走進健身房——這至少勝過待在家、坐在沙發上，想著要不要去運動。等你走進去，聽到喇叭傳出充滿能量的音樂，並看到其他人在舉重、跑步，我敢說你會加入他們。當你這麼做的時候，必定會為自己感到驕傲，因為你已經很清楚拖延的原因，也明白自己不會再為了這個原因選擇拖延。

克服拖延只是第一步，這一步看似無關緊要，卻是達成目標必不可少的。只要你開始行動，就已經戰勝了拖延症。我們要做的，就是持續朝著同一個方向前進，每天按照預定的流程執行。很快的，你和拖延症之間唯一的交集，就是試著回憶拖延是什麼感覺。

＊＊＊＊＊

看吧，我說過，人類的努力其實並沒有那麼特別，你需要的也就只是個簡單且可重複的過程。你可以將它排進行程裡、保持一定程度的情緒分離（平靜面對每日的成果，無論好壞）、找些朋友督促你，並不時進行調整，可以依需要變得更簡單或更複雜。記得前面提過，詹姆哥學唱歌時，一天只練習十五到三十分鐘；而我第一次賺到六位數年薪時，也不過是一天打四十通電話，還只花了我兩個小時。現在你或許還是不相信我，但很快的，你甚至會期待每天執行它；只要你知道如何靠近那個既巨大又可怕的目標，實現就會變得很有趣。

現在你知道應用奇蹟公式的步驟了，下一章將深入討論如何在生活各個面向一而再、再而三地重複執行能產生奇蹟的流程。

第九章
保持奇蹟
—— 一次又一次創造非凡成果

只有在你相信奇蹟時，奇蹟才會發生。
——保羅．科爾賀（《牧羊少年奇幻之旅》作者）

能夠創造具體、可測量的奇蹟是件令人興奮的事。畢竟拿到能開啟夢想生活的鑰匙，誰不興奮呢？或許你想得到財務安全或自由，或許你準備好進入一段特殊的關係，或是修復目前的戀情；或許你在找尋能滿足自我且有意義的工作；或是你想變得更健康、更瘦、讓體力變得更好；或許你只是想快樂。話雖如此，對這些能豐富生活的可能性感到興奮，和讓這些可能性成為必然，是兩件完全不一樣的事。

如果你的終極目標是培養並實現奇蹟智者的特徵，好維持隨時創造奇蹟的能力，你的思考和行為就必須像個奇蹟智者，而且大多數時候都必須如此。

你必須捨棄以恐懼為基礎的思維，改以信念為基礎；你必須願意放下從過去帶來的任何限制，視自己為有價值、有資格、有能力創造所想一切的人，就和地球上其他人一樣。我知道這個想法已經反覆提過好幾次了（或許不只），但現在要幫你在理智和情感層面上做到這一點，好讓你能看到和感覺到全新的、進步的自己，如此一來，就更容易按照自己的理想形象和承諾要創造的未來規畫生活。

知名的勵志廣播節目主持人和作家厄爾．奈古丁格曾說過：「我們成為自己所想的人。」佛陀說：「一切唯心造，相由心生，境隨心轉。」我不斷提醒大家，心態決定了我們的身分和現實，問題在於，我們花了多少時間有策略地設計自己的心態？這一章會帶大家深入探討如何用思維和行為改變心態，讓你保持奇蹟智者模式。幸運的是，有種特殊的練習可以完美解決這個問題。

肯定句為什麼沒效？

我在上一本書介紹了一套方法，稱為「挽救人生六法」，用六項練習代表人類歷史上最永恆、普遍適用且經過科學證明的個人發展練習（都不是我發明的）：靜心、肯定、觀想、運動、閱讀和書寫。我建議大家每天進行這六項練習，而且最好一起床就做，如此能讓心態處在最佳狀態，一整天都能集中精力。

雖然這六項練習中的每一項都能帶來改變，但我在採訪中經常被問到，其中有沒有哪一個是自己「最喜歡的」。政治正確的答案或許是「當然沒有，它們都一樣重要」，但如果你偷偷問我，我一定會選擇比較淺顯易懂的，而不是政治正確的（也通常是錯誤的）。

所以，沒錯，我有自己最喜歡的練習，個人經驗也已證明它是最有效的。對個人成長和轉變來說，我最喜歡的練習絕對是「肯定」。不過（又是另一個大大的「不過」）它可能不是你想的那樣。

肯定句的名聲常常不太好。好聽的說法是人們認為它沒效，難聽的說法則是覺得它很虛偽。它們有點像是夢想清單，如果只是在牆上貼些照片、守株待兔，然後等著現實奇妙地改頭換面，這個嘛，事情可能不會有什麼變化。無獨有偶的，光靠幾句話也無法說出另一個新的你——嗯，其實你可以，但不是用那些勵志大師希望你相信的那一套。

我小時候也覺得肯定句既俗氣又**沒用**，不過是許多感覺良好的話語，沒有事實基礎，只能讓人暫時好過一點。像我這種既在乎結果又……呃，你知道，理智的人，才不會為了粉飾不安而重複那些自欺欺人的話，我不相信它們真的能帶來什麼功效。

等我二十歲開始研究個人成長時，我再度學著把肯定做為改變的合理工具。它給我們希望，只要一再重複某些句子，直到我相信它們，便能改變人生。對從小就自認懶惰並依此行事的人來說，似乎很合我的胃口。我以為自己可以**什麼都不用做**。我全信了。

我沒有改變。過不了多久，我就和大多數人一樣，一邊念著肯定句一邊反覆撞上同一面牆。我用前輩教的方法，卻沒有任何效果，我一直談論的美好生活並沒有出現。就算一次次重複「我是個百萬富翁」，也不能讓我的銀行帳戶多出一毛錢。事實上，使用「我是……」這種句子來肯定自己缺乏的東西，感覺很不真實。

有一天，我頓悟了。我意識到問題不在肯定本身，它們只是被誤解、誤教且誤用。

我最後將問題縮小到兩個，這兩個問題可以讓我完全改變自己的觀點，設計出確實可行的肯定句，並持續產生具體、可測量的成果。

接下來，我將告訴大家一套循序漸進的方法，用來創造奇蹟公式肯定句。這些肯定句不但基於事實，它的設計也能加速你對奇蹟公式的應用。但在此之前，我們先花點時間了解那兩個問題，以及因它們而生的困擾。

一、不眞實的描述，讓你覺得不眞實

我們都想改善人生的某部分（或全部）。我們想要金錢、關愛、健康的身體，說不定還希望一天能多幾個小時。有了堅定的信念，再付出過人的努力，這一切都能達成（幾乎）；但如果靠著自欺欺人，便無法辦到。而這正是許多前輩教我設計肯定句的方法。

他們要大家重複這樣的句子：

- 我是成功的
- 我能吸引財富
- 我的體態很完美

・我的伴侶關係既忠誠又充滿愛

如果這些句子不是真的，而你內心深處也知道它們是假的，重複這些句子就是在欺騙自己。你的潛意識會拒絕這些謊言，導致內心產生更多衝突，並有可能讓情緒比過去更糟糕。事實上，根據二〇〇九年學術期刊《心理科學》的研究顯示，低自尊者在重複「我是個可愛的人」這類句子後，感覺其實會更糟。想想看：如果你認為自己不是個可愛的人（不論真假），一再重複那句話，只會在你本就負面的自我形象上，再堆上「騙子」這一項。

這類肯定句有可能進一步削弱你對自己的信任，影響你邁向奇蹟智者的過程。或許這種空洞的語句可以暫時緩解壓力和焦慮，但它們會阻礙你實現最終的願望。真實——你的真實——終將獲勝。

二、讓你無法採取行動的負面言論

當人們想改善生活時，他們面臨的最大障礙是**「我該先做什麼/接下來該怎麼做」**。他們不知道要採取哪些行動，於是變得不知所措，只能靜止不動，直到終於放棄。大多數肯定句所使用的是被動語態，反而讓人們不採取行動。它們掩蓋了你必須有所作為的事實，就像掛在牆上的許願清單，暗示你什麼都不用做，就能簡單吸引到自己想要的東西。

錢會輕輕鬆鬆流向你，人生摯愛就在大門外等著你。這不是很好嗎？我們都可以舒服地躺在安樂椅上創造奇蹟，我也要參一咖！但人生不是這樣運作的，院子裡沒有欣欣向榮的搖錢樹。雖然不知道你的情況如何，但如果有陌生人在我家門前鬼鬼祟祟，我一定會報警（當然會先確認是不是快遞）。這種肯定句是謊言，而我們真的得做些事，一些非常具體的事，才能達成目標。記住，我們想要的每項結果都有相應的過程，你必須決定並實踐它。只要肯定這一點，你便能有所進展。

在我們進入下一部分、學習如何建構有效的肯定句前，我有幾個最喜歡的句子，能說明並強調肯定句的好處。

- 重複肯定能帶來信念，信念一旦成為深刻的信心，事情便開始發生。——拳王阿里
- 任何出現在潛意識的想法只要夠頻繁，夠令人信服，最終都會被接受。——羅伯特．科利爾（勵志作家、出版人）

・肯定是超越此刻的真實，透過你正在使用的話語來創造未來的語句。——露易絲・賀（作家、出版人）

・在你的人生取勝之前，必須先在內心取勝。——約翰・阿迪森（領導力演說家、作家）

五個步驟，創造並實現奇蹟公式肯定句

如你所知，肯定句要基於事實，清楚陳述完成欲創造奇蹟所必須執行的具體行為。這很重要，如果要大腦為新的現實做好準備，你也必須為新現實中將進行的事做好準備。

用肯定挽救自己的人生

論及肯定句如何改變人生時，米蘭達・瑪特是個很好的例子。她是我臉書社團的成員，三年前接觸了我寫的書。當時她剛離婚，帶著兩歲稚

子開始全心投入新的職業生涯，在一個完全從未接觸過的行業裡擔任一名經紀人。她很沮喪，患有社交焦慮症，還得獨力支付超過十五萬美元的帳單。她的生活就像一個又一個無法逾越的障礙。

她所決定的首要任務，是將讀我的書變成例行工作——每三個月重讀一次，並依書中所教的「挽救人生六法」，每天進行肯定、觀想和書寫。她將自己的肯定句分成三類，並發現越是善於利用肯定句，她就越能控制自己的思維。惡魔無法再控制她。

藉著日復一日的練習，她終於超越全公司一千名經紀人，成為最頂尖的女性製作人，並成立了自己的經紀公司。但米蘭達並不止步於此，她繼續使用肯定句，又開了六家分公司，收入增加四倍，而她的薪資水準也是全公司最高的。她將自己的過人成就歸功於「挽救人生六法」，尤其是「肯定」。

另一項重要的事情是，肯定句不能與自己目前的信念體系相衝突。相反的，應該在克服恐懼時調整、發展和擴充它們。你要溫和地敞開自己的思維、接受新的可能性，大腦才會相信它們；而這也表示你必須運用邏輯，以事實為基礎，結合事先決定好的流程，讓你朝具體成果邁進。

在確定、闡明及加強與奇蹟智者一致的信念和行為後，奇蹟公式肯定句能讓你的認同再升級。其目的是為了積極地以堅定信念來調整你的潛意識、引導意識，為創造具體且可測量的結果付出過人的努力。

總之，奇蹟公式肯定句能達到兩種效果：

- 縮小或消除任何會阻礙你前進的內在衝突，幫助你提升並調整**潛意識**，同時又能積極地灌輸你完成目標所須的堅定信念。
- 將**意識**導向你認為最重要的活動，讓你付出不可或缺的過人努力，把最大的目標從可能變成很可能，再變成必然。

接著，我們將一步步說明過程，讓你能創造並應用實際的、以結果為導向的奇蹟公式肯定句，並讓它們協助你的思維，好創造具體、可測量的奇蹟。

第一步：從奇蹟咒語開始

第七章說過，你可以創造自己的奇蹟咒語：用簡單的句子概括自己對使命的承諾，並承諾要（長時間）保持堅定信念、付出過人努力，直到奇蹟成真為止。

你的奇蹟咒語是實現並持續執行奇蹟公式的主要工具。將咒語與肯定句結合在一起也很重要，且重複的次數越多，就能越深刻。

．**行動**：拿出日記本或智慧型手機，或是打開你愛用的記事程式，寫下你的肯定句和奇蹟咒語。

．**例句**：我承諾要保持堅定的信念，我將〈輸入你在第六章立下的使命〉，也將付出過人的努力直到成功，無論發生什麼事，都沒有其他選擇。

第二步：說明使命的意義

記住，使命不見得要改變世界——雖然它有可能會。使命可大可小，可難可易，隨你高興，關鍵是它必須對你有意義，其重要性（將它訂為使命的**理由**）將成為你的動力。這也就是為什麼每天提醒自己這一點至關重要，這正是肯定句能帶來的效果。

「想要」和「得到」之間往往少了一條連結線，但內心深處那具有意義的原因能為你連結這兩者。正如我的好友強恩．弗羅曼經常說的：「一旦原因有了心，做法就有了腿。」我們經常為了想獲得或改善某項事物而設定目標，在追求的過程中遇到困難時，我們也會回頭向原因求助。如果原因很弱或很糟，甚至根本不清楚為什麼要追求時，就會讓人很容易放棄。另一方面，如果原因非常重要——對我們的意義超過世上一切——那麼就能克服任何挑戰，竭盡所能地達成目標，無論發生什麼事，都沒有其他選擇。

- **行動**：說明這項使命為何意義重大。深具意義的原因，將是你致力於使命並堅持直到實現的理由，也是追求和實現使命時所能得到最重要的好處。它可能是無形的利益，例如將成為什麼樣的人，或是更具體的鼓勵，例如金錢、關係修復或減重。
- **例句**：我之所以致力於使命的理由是〈輸入最深刻的意義，也就是透過追求和／或達成使命能帶來最重要的好處〉。

第三步：讓過人的努力變得具體，以堅持不懈來實現使命

「到底要怎麼做，才能完成自己訂下的使命？」

這是極常見的擔憂，但這個步驟不但有助於減輕焦慮，也能為你的大腦提供充分的

邏輯，讓大腦相信目標可以實現，並為過人的努力設定期望。你可將這一步視為從欲望邁向創造的橋梁。

- **行動**：寫下流程，內容包括你認為完成使命時不可或缺的重要行動步驟，且必須列入你承諾採取那些行動的時間點，盡可能寫得簡明清晰。理想上，你只能持續做一件可以測量的事，才不會不堪負荷。同時，要確定列入你每天完成流程的頻率和時間。
- **例句**：為了讓達成使命成為必然，我將持續投入於過程的執行。在︿日期和時間﹀進行︿輸入你決定好的流程﹀，但不對結果產生情緒依附。

第四步：建立覺悟賦權

記得，奇蹟智者的心態是「**能**獲得任何想要的東西」「**達成**自己承諾要做的事」，同時也值得擁有「**願意**為之努力的一切」。發展奇蹟智者特質的過程中，包括培養一種「應得感」，這能為你的堅定信念提供能量，另一方面也為你過人的努力提供燃料。奇蹟智者肯定句能幫助你建立並加強覺悟賦權，讓你覺得自己確實配得上任何想要的事物和生活。

・**行動**：提醒自己一項宇宙真理：你和地球上其他人一樣有價值。你值得，也可以得到自己想要（承諾做到）的一切。

・**例句**：我致力於自己的使命，每天都以奇蹟智者的身分生活，因為我知道自己和地球上其他人一樣有價值、有資格，也有能力創造具體、可測量的奇蹟，並實現自己想要的一切。

你可以整句照抄，或是依個人喜好調整。記得，每個人對不同的語句有不同的反應，這得看我們會對哪些字詞產生共鳴。注意這一點是很重要的，它應該要能給你刺激、引發共鳴。每個步驟都必須注意用詞。舉例來說，如果你覺得自稱「奇蹟智者」感覺怪怪的，沒關係（一開始用不同的方式談論自己總是讓人覺得很奇怪），你可以用「我承諾每天都要做最好的自己」來取代，也可以用「我夢想的生活」取代「我要的一切」，或是用「結果」取代「奇蹟」。再次強調，務必使用能讓自己產生共鳴的語言。

第五步：帶著感情背誦奇蹟智者肯定句，每・一・天

很多人並未堅持做到這一步，但這可說是最重要的步驟。人們花了大把時間設計肯定句，包括升級過的身分認同、使命和決定好的流程，卻沒有堅持下去，這就和人們沒能持續運動，或無法堅守新年決心一樣。這是人的本性，只要一開始的興奮或新鮮感消失了，我們的注意力就會轉移到更新或更刺激的事物。而這也經常是失敗的原因所在。

創造奇蹟的關鍵是毅力。你必須保持承諾，直到抵達此生一直想去的地方。開始這段旅程最簡單的方法，便是每天努力背誦奇蹟公式肯定句——最好可以帶著感情背誦它，這能幫助大腦將當下的情緒調整成你想要的樣子。你並沒有對自己撒謊，只是告訴大腦自己更想感覺到的情緒是什麼。這表示你得完全「搞懂它」才行。

雖然**理智**已經了解，但除非**情感**也得到相同的理解，否則都不算真的「懂」；也就是說，我們要從概念或邏輯上的理解，到真正感覺到其中的情緒。舉例來說，伴侶向你抱怨自己遇到的困擾。雖然我們可能聽見了對方所說的話，理智上也知道發生了什麼事，但我們不一定能真正理解。假設對方難過到開始抽泣，於是我們得以看到、聽到，甚至感覺到這份痛苦，這才有辦法得到情感上的「理解」。

因此，在背誦肯定句時，要確定自己能感覺到內容裡的真實。當你確認自己每天都

過著奇蹟智者的生活，並帶著堅定的信念、付出過人的努力時，請做個深呼吸，感覺全新的身分徹底改變你，想像一下：它看起來、聽起來、感覺起來像什麼？這能幫助你在理智和感情上體驗自己的新身分。

·行動：堅持是奇蹟公式的關鍵，就從堅持每天背誦肯定句開始吧。這能維持並壯大自己不受限的心態，同時也能讓你專注於過程。最好找個固定的時間背誦奇蹟公式肯定句，可以是晚上睡覺前、早上刷牙後，或是在早晨進行個人的成長練習時。讓它成為日常生活的一部分，並記住背誦時真正的感覺；可以的話，盡可能維持住。就我個人而言，我喜歡在靜心前背誦肯定句，並利用這段時間完全吸收背誦時創造的心態和情緒。這麼做可以加深奇蹟公式肯定句對生活的影響。

奇蹟公式肯定句

一、我承諾要保持堅定的信念，我將（輸入你在第六章立下的使命），也將付出過人的努力直到成功，無論發生什麼事，都沒有其他選擇。

二、我之所以致力於使命的理由是（輸入最深刻的意義，也就是透過追求和／

或達成使命能帶來最重要的好處〕。

三、為了讓達成使命成為必然，我將持續投入於過程的執行。在〔日期和時間〕進行〔輸入你決定好的過程〕，但不對結果產生情緒依附。

四、我致力於自己的使命，每天都以奇蹟智者的身分生活，因為我知道自己和地球上其他人一樣有價值、有資格，也有能力創造具體、可測量的奇蹟，並實現自己想要的一切。

・**個人例子：**我要和大家分享自己最近的奇蹟公式肯定句。或許各位會注意到有些用字和例句不太一樣，但我也在前面提過，使用自己能產生共鳴的語句很重要。我在學習、培養、取得新觀點時，也會不斷改寫更新肯定句：

一、我承諾保持堅定的信念，保持無癌狀態，過著健康長壽的人生（活到一百歲，屆時蘇菲是七十歲，哈爾斯登則是六十七歲），我也將在餘生的每一天都付出過人的努力，無論發生什麼事，都沒有其他選擇。

二、我承諾執行使命，是因為要對蘇菲及哈爾斯登產生正面影響，並與烏蘇拉共度人生，她是我在世界上最重要的人。

三、為了確保擁有長壽健康的百歲人生，我將持續執行自己決定好的流程，（每天）遵循自己的全觀抗癌規則和現代醫學治療，讓兩者的救命效益最大化。

四、我致力於自己的使命，每天都以奇蹟智者的身分生活。因為我知道自己和地球上其他人一樣有價值、有資格、有能力和家人一起過著長壽健康的百歲人生。

修改你的肯定句

肯定句必須依需求改寫和更新，才能跟著你不斷進化的身分和目標一起進步。一旦你有所成長，肯定句也得一起前進才行。在你成功創造具體、可測量的奇蹟時，必須為新的目標及使命發展出新的肯定句。隨著時間推移，修改肯定句將會成為第二天性。你會從經驗中知道要寫什麼、什麼對自己最有效，以及如何使用肯定句來維持堅定信念及過人努力，邁向不斷出現的新目標。

實際上，需要改寫規畫的事有很多。既有累積許久的限制信念和內在衝突要解開，也有長年的恐懼要克服。我建議各位為生活的每個面向都寫下肯定句，其中可能包含特定的目標，它們也將依你在特定時間想要關注的事而改變。有些時候，我會閱讀自己寫下的所有肯定句；有些時候，則只讀一些我覺得最緊迫的。如果我正在努力讓某項特定使命實現，我會不斷閱讀那一個肯定句，直到完成使命為止。

以下是我的肯定句基本主題，每一句都有它的目標：

· 我的健康和強壯（包括保持無癌狀態）
· 我的使命和目的
· 我的妻子
· 我的孩子
· 我的家人
· 朋友
· 收入和財務自由
· 個人成長
· 靈性
· 貢獻

當然，書寫或建構肯定句的方式有無數種，依目標不同，我也會採用不同的方式，本章所提及的五個步驟，是特別針對實現奇蹟公式的。在最簡單的形式中，肯定句所提醒的只有「什麼對你最重要」：重要的目標、日常的行動、賦權的感覺、基本的心態、價值、目標，或任何你想時刻記住的事物。你一定聽過一個說法：越是專注於某項事物，越容易發現它的存在。肯定句可以幫助你保持專注力，讓你在最重要的領域中找到自己聚焦所在。

舉例來說，我有個肯定句寫著：「我今天要做一件讓妻子驚喜的事。」每天早上讀這一句，能提醒我更積極主動，至少做一件讓妻子開心的事，好讓她每天的生活更加豐富。它多半只是簡單的小事，例如洗碗、買花、告訴她我有多愛她、讓她多睡一點，或是幫她做些家務，讓她輕鬆一些。有時事情大一些，例如計畫假期，或是把小孩帶出門，讓她放一天假，或是給她一些驚喜。每天閱讀肯定句的練習提醒了我，無論做的是大事小事，總之要讓妻子的生活更豐富。你知道的，老婆快樂了，日子就快樂了。

＊＊＊＊＊

雖然目標和使命會隨著時間改變，但是你身為奇蹟智者的身分卻不該改變——如果想繼續創造奇蹟的話，就不能改變。你必須持續選擇堅定的信念和過人的努力，必須持續對抗內在衝突，並記住自己真的很強大，也必須持續聚焦在目標對自己的深刻意義。依各位剛學到的，肯定句能支持你完成所有任務，而你每天只要在這些句子上專注個幾分鐘。

現在你已經知道如何創造和使用自己的奇蹟公式肯定句（請確認自己安排了時間創造這些句子），是時候彙整目前所學到的東西，來個牛刀小試了。在下一章，我將邀請各位參加「奇蹟公式三十日挑戰」。正如我第一位導師曾說的：「見真章的時候到了！」

第十章

奇蹟公式三十日挑戰

—— 是時候實踐你的第一項使命了

願處不適。安於不適。可能很難，
但這只是實現夢想的小小代價。
——彼得．麥克威廉（作家）

想像你已走到生命的終點，今天就是活在地球上的最後一天，所有成就已經蓋棺論定，沒什麼事要做了——沒時間追求成長、個人發展或目標了。你已經做了這輩子願意做的一切。

現在我們先讓現實世界暫停一下。想像你可能成為的那個人——充分發揮自己潛力的那個人——走進房間；不意外的是，你覺得自己已經認識這個人一輩子了，因此感到非常放鬆。你們聊了一會兒，剛好足以讓你了解「十分」生活是什麼樣子，包括他／她的心態、成就、貢獻和成就感。這個版本的你過著最充實的生活，盡全力付出，也收穫了回報，並努力讓此生覺得滿足。

現在，根據自己目前的狀態，你覺得這兩個版本的自己非常相似，或相差甚遠？這是個沉重的問題，但如果你對自己誠實，這會是測量現有生活和可能的生活有多充實、多具生產力的好方法。最悲哀的是，走完這一生後，你知道自己並未盡己所能地追求或做出貢獻；不意外的，許多人都陷在這個坑裡。另一方面，即使你已經在人生的一個或多個領域非常成功，仍極有可能有機會在其他領域發揮自己的潛力。

在最後一章，你將有機會實踐在本書中學到的一切，好讓自己更接近「十分」的生活。在一個月內，奇蹟公式將深深植入你的意識，你不用花什麼力氣就能想起它，它也將成為你的一部分。堅定的信念將成為你預設的心態，過人的努力也將變得平凡無奇。

接下來的三十天將是段簡單卻極具變革性的旅程，走到終點時，你將體現奇蹟智者的特質，在生活的所有領域創造具體、可測量的奇蹟。

最常見的障礙及克服方式

就像你知道的，我想讓成為奇蹟智者的這條道路盡可能單純，製造超乎必要的困難（幾乎都是我們自己想出來的）既徒勞又多餘。因此，接下來我將點出幾個最常見的障礙，讓你做好準備；就算遇到了，也知道如何避開它們。

第一個探出頭的障礙，通常是**非理性的恐懼**——怕失敗、怕成功、怕改變——這通常會導致我們拖延。各位要知道，所有人在朝著重要目標踏出第一步時，都會恐懼不安；每當我們鼓起勇氣走出舒適圈時，都會覺得不舒服；處理對你來說很重要的事，特別是以前沒做過的事，必然會覺得可怕。這種感覺是正常的，也是意料之中的。

不過，我們要做的事會讓你快速且一氣呵成地完成這個過程。如果你發現大腦陷入預設的壓力反應、對目標或自己產生負面想法時，請深呼吸、背誦你的奇蹟咒語，將注意力重新放在可能發生的事、你承諾的事，而不是害怕的事。記住，控制思想與現實的是你自己。每天背誦奇蹟公式肯定句（這是三十日挑戰的其中一個步驟）能讓大腦放下恐懼，將注意力放在自己的承諾和承諾它的原因。

如果你仍覺得恐懼或窒礙難行，請回頭翻翻第三章，看看自己所經歷的是否為下列四項內在衝突的其中一項：

- 對機會非理性的恐懼及維持現況：**你是否恐懼機會？**
- 誤導的賦權和覺悟的賦權：**你是否覺得自己沒有資格？**
- 畸形的潛能和真正的潛能：**你是否並未看到自己真正的能力？**
- 定義你的是世界，還是你自己：**你是否允許其他人限制你？**

了解阻礙你前進的因素，是克服阻礙的第一步。

另一項障礙是如何處理對短期成果的情緒依附，我曾數度在進行挑戰的個案和朋友身上看到這種狀況。我有位朋友遵循自己決定好的流程減重（限制熱量、每日運動），但體重計上的數字卻不動如山。情緒依附讓他幾乎想放棄，直到他明白當體脂下降、肌肉量增加時，體重仍會保持不變。他的努力終究有了回報。

請各位回想一下，我付出了多少過人努力做新書宣傳，才終於看到銷售額有明顯增長。我接受一百多個播客訪問、在自己的播客頻道製作五十多集相關內容、上了十幾個晨間節目，還做了很多的努力，銷售才終於提升。如果我對（不太好的）短期結果產生情緒依附，我可能第二個月或第四個月或一年時就放棄了，更不可能撐到一年半。還好我知道，成功如果真的有什麼祕訣，那就是：**堅持下去，別對結果產生情緒依附。每個結果都有其過程，只要你努力不懈，成功最終將成爲必然。**

另一項障礙是**沒耐性**。我們的時代和文化都講求即時滿足：用訊息即時聯繫朋友；只要拿手機滑個幾下，就能瀏覽我們喜歡的媒體，甚至可以在一天內拿到我們購買的新鞋或雜貨。耐性的價值似乎正被拋棄。

但是對創造奇蹟而言，耐心是至關重要的因素，有些奇蹟需要多花一點時間才能達成。舉例來說，你準備寫一本書，但不可能一個下午就完成（除非它非常非常輕薄短小）。它需要靠毅力，即使你已經算好每天要寫多少字，還是要花一段時間才能完成。我寫過的每一本書，包括這一本在內，花費的時間都比自己預期的長。第一本書花了六年、第二本花了三年，本書則用了六個月（但我跟出版社說三個月內就能完成）。

欠缺耐心會增加壓力，讓你更難按部就班；也會摧毀創造力，不但讓你無法專注，還會使解決問題的能力蒙塵。如果你發現自己因不耐煩而焦慮，因尚未達成目標而躁動，請記得：這是長期抗戰，這是一種生存之道。

現在，你已經知道在成為奇蹟智者的道路上常見的障礙，也知道克服它們的策略和資訊，接下來，讓我們來談談三十日挑戰。

你的奇蹟公式三十日挑戰

奇蹟公式三十日挑戰包含六個步驟，當你讀到這裡時，很可能已經完成了其中三步驟。如果是這樣的話，恭喜你，你的挑戰已經成功一半了！如果你在讀前幾章時，因為太興奮而愛不釋卷，沒有時間完成前三個步驟（我也常這樣），可以在讀完後，再回頭重讀相應的章節。

三十日挑戰的實踐

這是第一次完整地將「奇蹟公式三十日挑戰」介紹給全世界，因此我其實沒有多少例子可以分享。但由於這項挑戰是以我過去曾介紹過的「創造奇蹟早晨挑戰」為雛型，而該挑戰在全世界已有成千上百人進行過，結果也令人震驚。

來自加拿大安大略省的童恩・珀克在三十天內完成了：

- 戒煙（三十日沒抽煙）
- 每天運動（三十日踏步機訓練）
- 戒除咖啡因（三十日沒喝咖啡）
- 減重（減去五・五公斤）
- 重建信心

來自俄勒岡州塞勒姆的吉莉安・珀金斯得以：

- 讀三本書
- 讓業績提高三成
- 為下一幢房子存下五千美元的頭期款
- 每週運動三次
- 體脂率從三六％降到二三％
- 開始寫第一本書
- 整間屋子整理好並打掃乾淨

德國科隆的格奧吉歐．格里奧哈基斯也完成許多事：

- 在部落格發表了三篇文章
- 跑了半馬
- 持續遵循嚴謹的營養計畫
- 運動時聽了二十幾則播客
- 增加了耐心、毅力和自律，也為成功且持續完成三十日挑戰感到自豪

這些例子只是要讓你看看，在短短三十天裡，生活能有多大變化。現在輪到你了。

第一步：決定第一項使命

我曾在第六章分享自己的故事：明明討厭跑步，卻要跑超馬。我想認識能做到這件事的那人，也想成為那樣的人。這故事你們記得嗎？現在輪到你了。你的「超馬」是什麼？你在舒適圈外有什麼使命？這項使命是否太遙遠，讓你不知道要變成什麼樣的人才能實現它，但你想認識並成為這樣的人？

若要決定自己的使命，只要檢視所有的目標，並自問：我要完成哪一項目標，才能成為「想要都能得到」的那種人？

你希望自己的使命能帶來動機和能量，但它也可能讓你感受到一些威脅，一點害怕——或非常害怕。你希望這項使命的重要性足以讓你脫離目前的生活方式，挑戰性足以讓你提升自己的能力。請確認已思考過自己的價值和對你而言最重要的事物，因為使命應該是非常有意義的。接著，決定一項具體、可測量的奇蹟，這奇蹟能反映出自己想在生活中放大的價值。這就是你的第一項使命。

第二步：事先安排流程

清晰的思緒能讓我們充滿活力。當我們確切知道下一步該做什麼，並知道這麼做能讓我們更接近終點時，「終將成功」的願景會激發我們的動力。記得，流程整體要盡可能簡單、可行。

一次進行一項任務多半是最好的選擇。如果你還不知道流程應該是什麼樣子，首先要做好研究，並想清楚該怎麼設計。上網尋找和使命相關的文章，或是到書店尋找相關主題中最受歡迎的書。如果你的使命包括培養一項能力、熟練一項技能，或是成為某個主題的專家，整個流程或許要從練習和／或學習開始。記得，這是種生活方式。

作家羅素．西蒙斯在著作《做你自己！12條獲取內在力量來達成快樂與成功的法則》（*Do You! : 12 Laws to Access the Power in You to Achieve Happiness and Success*）中提到：「我知道有些人提倡『心無旁騖』，但我不同意。如果目光只盯著目標，你就會一直跌跌撞撞；如果真的想要向前行，就要邊走邊看路。」在這種情況下，這條路就是你的流程。記住，每個結果都有相應的流程，能持續達成目標的關鍵，就是堅持依此而行，同時不要在情緒上依賴結果。

第三步：安排時間背誦奇蹟公式肯定句，每．一．天

只有透過每天持續的練習，我們才能敞開心胸面對新的可能性。光是把肯定句背個五次十次，是無法改變想法的。就像運動，必須經過長時間的堅持不懈，才能收割果實。想要用信念取代恐懼，並確保它無法動搖，就必須每天強化它才行。現在就拿出行事曆，寫下一項例行任務：「背誦我的肯定句。」只要花幾分鐘，你就能踏上成功之路。

第四步：實踐流程，並為此負責

過人努力的重點在於堅持，意即實踐你預先安排的流程；一天至少做一件事，讓你更接近使命的完成。我每天早上預留一小時的「使命時間」，以確保自己開始做任何事前，首要任務都能有所進展。或許你安排的時間是一週五到七天，每次三十或六十分鐘；可能在早上或晚上，工作前或下班後；也許在週末各花四個小時，接著再陪伴家人，或一個人放鬆。確認你的使命時間正好是自己的最佳狀態，也就是精力和專注力處於巔峰的時候。對我來說，這段時間是早上，因為一到下午，我的腦袋就會當機。

在進行下一步驟前，請找一位能督促你的人，和對方分享你的承諾，討論他／她要如何監督你的進度（每日或每週）及彼此的溝通模式。承諾將會在這個步驟生根定錨，所以這一步必須經過深思熟慮，確認你安排的時間合理且能持續。

第五步：每天評估流程和進展

如果你不想對短期結果產生情緒依附，就一定要了解自己的流程和進展。有時需要一邊進行一邊調整過程，有時則必須進行反省。我建議每天記錄，以保持對使命的注意力和動力。有些人喜歡在早晨反思前一天發生的事，有些人則喜歡在一天結束前做筆記。選擇對你最有效的即可。

一開始的問題可以是……

一、過去二十四小時內，我最大的勝利是什麼？

二、我是否遵循自己的流程？

三、哪一方面的改善最明顯？

四、哪些事可以有不同的做法，或做得更好？

五、目前為止，我學到什麼經驗？

六、我的流程是否需要改變或調整？

七、還能向誰尋求諮詢或回饋？

第六步：評估與反省已完成的使命

成功的個人和團隊有項共同特徵，就是會花時間在完成計畫後反省，了解未來可利用的經驗教訓。如你所知，每項目標都很重要，但能從中獲得的最高價值，是你得以在流程中（即「你將成為什麼樣的人」）發展出來的特質。蒐集並整合自己在實現目標的過程中學到的東西，對成為一名奇蹟智者而言至關重要。

你還可以從這些問題開始：

一、我是否達成自己的目標？
二、哪些事可以有不同的做法，或做得更好？
三、我從中學到了什麼？
四、下一項使命要做出什麼改變？

在開始之前……

在你執行第一項使命前，你該知道：自己已做好過著奇蹟智者生活、創造非凡人生的各項準備。沒錯，你的確擁有這樣的能力，我只是想凸顯出來而已。我希望這本書能讓你學會所需要的一切，也希望你的第一項和接下來的使命都能獲得偉大的成就。現在，你和自己最大的目標之間，只差兩項決定。是時候開始創造奇蹟了。

結語
你現在要做什麼呢？

這裡不是終點。甚至尚未開始終結。
但它或許是「開始」的尾聲。
——邱吉爾

我們在這段時間裡討論了很多，也很感謝各位跟我一起走到這裡；當然，這裡離你旅程的起點想必更近。我試著解構奇蹟，想讓大家看看創造奇蹟既真切且實際。不管許多人怎麼想，甚至不管你一開始拿起這本書時的想法，奇蹟真的一點都不神祕——至少你所積極理解與創造的這些（具體且可測量）奇蹟並不如此。

只要遵循奇蹟公式、使用我們討論過的其他策略，不斷創造奇蹟將成為你的生活方式。只要堅持本書中所提到的兩項決定，成功必然發生，你也會發現自己想要的一切都是有可能的。我知道這是一項很重大的承諾，但我真的看過太多案例，所以堅信不移。

我很幸運，有機會能在這近二十年來堅定地遵循奇蹟公式、克服威脅生命的挑戰，創造自己一直想要的生活。我也有幸參與其他人的奇蹟，看著他們克服內在衝突，超越曾認為不可能跨過的障礙。這不是魔術，也不是盯著願望清單，而是積極地有所作為，並和歷史上的高成就者一樣，始終保持堅定的信念、付出過人的努力。

你也可以擁有相同的體驗、在人生中創造驚人的改變，而且速度將比你想像的快得多。接下來這三十天裡，你可以克服曾阻礙自己的恐懼、懷疑和內在衝突；你有能力完成出自己過去認為不可能的事。你不再受限，自己想要和願意創造的生活終將成為與生俱來的權利。

讓最大的目標從可能到很可能，再成為必然實現，不再是願不願意的問題，因為最後你一定會成功。當你應用奇蹟公式時，最大的變數只剩下時間——要花多久時間才能達成使命。事情往往比我們想像的或希望的更費時，但回報總是值得努力與等待。

當你發現自己想比過去的自己或別人走得更遠時，千萬別忘了，當你終於抵達努力已久的目的地後，你多半不會希望它發生得這麼快。這意思是，你會發現旅程和時機都很美好，挑戰和障礙對成長而言也都是必要的。因此不論你現在處於什麼階段，都應平靜面對自己的處境，同時保持良好的緊張感，每天持續進步，以確保自己能到達任何想去的地方。

放心，你會到達的，在最完美的時機。

* * * * *

或許你還記得我在〈導言〉裡說過的，這本書想努力達成的奇蹟，是**提升人類的意識**。雖然我猜你第一次讀到的時候很可能翻了白眼，但希望你現在已經明白，這項使命實際上有多少成真的可能性。未來每一天，我都會應用奇蹟公式完成這個目標，直到自認功為止，就這麼簡單。真的，隨著時間過去，這項使命會從可能到很可能再到必然成真，**沒有其他選擇**。

你呢？決定好第一項使命了嗎？準備好進行三十日挑戰了嗎？

出發前，我想請你擴展自己的思維、超越自我。當然，能創造自己所追求的奇蹟很棒（也很重要），但不要忽視大局。現在你已知道如何創造具體、可測量的奇蹟，同時也有責任考慮要選擇創造哪些奇蹟。看看周圍的世界，是不是還少了什麼？你想看到更多什麼？你可以在哪裡留下獨特的個人印記？你的傳奇故事會是什麼？沒錯，我們要從自己和家人開始，但接著你可以考慮自己所處的社區，再從那裡開始向外擴展。身為一名奇蹟智者，你影響他人的潛能也是無限的，這是我們每個人都不該忽視的責任。

遵循這兩項簡單的決定，將開展與可能性有關的新思維，願意將哪一項「可能」變成「必然發生」的決定權也在你手上。目標、夢想或使命不嫌大，因為你不可能失敗，只會比過去學到更多、更加成長也變得更好。

我等不及聽聽你創造的奇蹟了。

致謝

如果養一個小孩需要一整座村莊的人共同努力，寫一本書或許需要兩座。我想對以下各位表達由衷的謝意，你們組成了我的村莊：

我畢生的伴侶與夢中情人，烏蘇拉。妳是最好的妻子、母親，也是我最想共度一生的人。有了妳堅定不移的支持，我做的每件事才有了可能。我心屬於妳，只要妳答應和接下來這兩位分享：

我們的孩子，蘇菲和哈爾斯登。你倆是我的動力，你們對我的意義超過這世上的一切。

我的父母，馬克和茱莉。如果我能回到出生之時，並自由選擇父母，我還是會選擇你們！因為你們無私的愛和教養，才成就現在的我。

姊姊海莉，妳總是相信我，我愛妳，且尊敬妳。

蒂芬尼·史溫哈特，我的營運總監。我無法言說妳為我的人生增加了多少價值，也說不出我有多感激妳。小蒂，妳是最棒的。

喬恩·伯格霍夫，我的摯友兼工作夥伴。當我在醫院對抗癌症時，你總是挺身而出，支持我和我的家人。我愛你，兄弟。

我的朋友霍洛里·柯德。當我在醫院抗癌時，你同樣站出來幫助我和我的家人。我愛你，阿霍。

史達林羅德文學公司的約翰·瑪斯和塞勒斯特·費恩，我的世界級作家經紀人。他們堅定的信念和過人的努力讓這本書成真。

艾蜜莉·克蘭讓我過動的大腦保持專注，讓我紊亂的靈感得以成為一致的概念，更利於讀者閱讀。

謝謝黛安娜·巴羅尼和企鵝蘭登書屋團隊對奇蹟公式的信任，並將它帶到這個世界。

還有我臉書社團裡的每個人，你們天天發揮自己的潛力，並互相支持。我們真的一起提升了人性的意識。我愛你們！

Eurasian Publishing Group
圓神出版事業機構
用心與你對話・視野無限寬廣
究竟出版社
Athena Press
www.booklife.com.tw reader@mail.eurasian.com.tw
第一本 104

奇蹟公式

我三星期從半身不遂中站起，一年抗癌成功，從破產到財富自由的關鍵

作　　者／哈爾・埃爾羅德（Hal Elrod）
譯　　者／許可欣
發 行 人／簡志忠
出 版 者／究竟出版社股份有限公司
地　　址／台北市南京東路四段50號6樓之1
電　　話／（02）2579-6600・2579-8800・2570-3939
傳　　真／（02）2579-0338・2577-3220・2570-3636
總 編 輯／陳秋月
副總編輯／賴良珠
責任編輯／林雅萩
校　　對／林雅萩・蔡緯蓉
美術編輯／李家宜
行銷企畫／陳禹伶・詹怡慧
印務統籌／高榮祥・劉鳳剛
監　　印／高榮祥
排　　版／莊寶鈴
經 銷 商／叩應股份有限公司
郵撥帳號／ 18707239
法律顧問／圓神出版事業機構法律顧問　蕭雄淋律師
印　　刷／祥峰印刷廠
2020年7月　初版

THE MIRACLE EQUATION by HAL ELROD

定價 320 元　ISBN 978-986-137-298-3

活在當下可以帶來劇烈的改變，
幫助我們削弱創傷帶來的衝擊，終止壓迫的力量，
並促成恢復與改革。
最棒的是，我們可以時時刻刻逐漸培養自己活在當下的力量。
如此一來，就能神采奕奕地面對生命中的一切境遇，
好讓我們把握最佳機會，確實修正這個世界。

——蘿拉·林普斯基、康妮·柏克，《創傷照管》

國家圖書館出版品預行編目資料

奇蹟公式：我三星期從半身不遂中站起，一年抗癌成功，從破產到財富自由的關鍵／哈爾·埃爾羅德（Hal Elrod）著，許可欣 譯
-- 初版 -- 臺北市：究竟，2020.07
256 面；14.8×20.8公分 --（第一本：104）
譯自：The Miracle Equation: The Two Decisions That Move Your Biggest Goals from Possible, to Probable, to Inevitable
ISBN 978-986-137-298-3（平裝）
1.自我實現　2.自我肯定
177.2　　109006878